아이 돈띵

I DON'T THINK SO

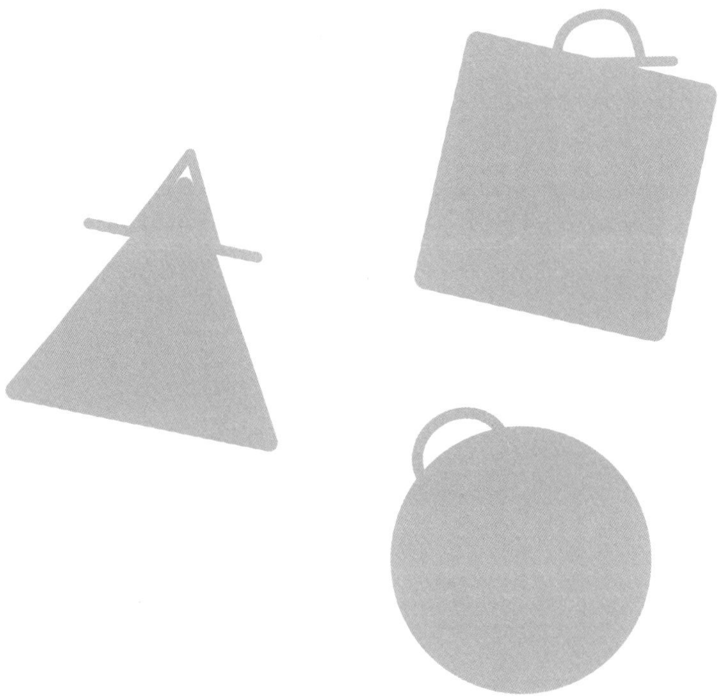

모모네

언제나 밝고 활기찬
에너자이져

쎄쎄모

직설적이지만
늘 배려심 많아

통통보

둥근 모양처럼
누구에게나 부드러워

머리말

경제 교육에 관심이 많은 선생님, 부모님께

교육의 궁극적인 목표는 무엇일까요? 착하고 바른 사람, 꼭 부자가 아니더라도 경제적으로 안정적인 삶을 살 수 있는 사람, 현명한 사람이 되었으면 하는 마음에 아이들에게 다양한 교육을 하고 있지 않으신가요? 어떤 부모님들은 주위의 아이들이 우리 아이보다 더 많은 교육을 받고 있는 모습을 보며 불안해하시죠. 그러나, 교육에는 확실한 방법이란 없고, 아이들마다 받아들이는 속도와 알맞은 정도가 다릅니다. 우리 아이에게 맞는 방법을 찾는 것이 중요합니다.

우리 아이에게 경제를 알려준다면 미래의 어려움을 헤쳐 나갈 강력한 무기를 쥐여주는 것과 같습니다. 왜냐하면, 자본주의 사회에서의 안정적인 삶이란 자기 자본을 어느 정도 갖추어야 이룰 수 있는 목표이기 때문이죠. 그런데 자기 자본을 갖추기 위해서 우리 아이들에게 학업만이 최선의 방법일까요? 에디스교육은 세계적 부자나 성공한 창업가들을 나열하고 분석하며 답을 얻어가고 있습니다.

예로, 일론 머스크는 부유한 가정에서 태어났음에도 불구하고 유년기 생활 환경에 의하여 경제를 깨우쳤습니다. 남아프리카공화국에서 태어난 일론 머스크는 자본주의의 중심은 미국이라는 것을 깨달았고, 미국에 정착할 것을 목표로 유년기에 다양한 공부와 경험을 시작했습니다. 12살 때에는 게임을 만들어 판매하며 창업의 세계를 경험하였습니다. 그는 창업을 하기 전에 살아가는 데 최소 얼마의 돈이 필요한지 알기 위하여 하루에 1달러만 쓰는 '일론 머스크의 욕구 실험'을 해 보았습니다. 그 결과 하루에 1달러만 있어도 살 만하다는 것을 깨달았습니다. 따라서, 창업에 실패하더라도 하루에 1달러, 한 달에 30달러만 있으면 되겠다는 결론을 얻었고 창업에 도전할 용기가 생겼습니다. 결과적으로 일론 머스크는 연쇄 창업에 도전했고, 현재 세계적인 부자가 되었습니다.

워렌 버핏은 어릴 때부터 증권 중개인 아버지께 돈의 가치를 배운 것이 큰 도움이 되었다고 말하며 경제 교육은 빠르면 빠를수록 좋다고 조언하고 있습니다. 워렌 버핏은 6살 때 껌과 콜라를 팔았고 17살 때 핀볼 머신을 대여해 주는 사업을 경험하기도 하였으며, 또 주식 매수와 부동산 매매를 10대 때 이미 경험해 보았습니다.

두 명의 대표적인 부자들로부터 알 수 있는 공통점은 유년기 시절부터 경제에 대해서 알았다는 것, 그리고 이를 기반으로 해 창업을 직접 추진하며 경험하였다는 것입니다. 이들은 다양한 방법들을 통해서 부를 실현하였습니다.

에디스교육은 아이들의 유년기에 경제와 부를 알려주고, 경제를 공부하는 목적을 깨닫게 함으로써 우리 아이들이 안정적인 미래를 영위할 수 있도록 함께 나아가고 있습니다.

본 교재는 시중에 어렵게 나와 있는 경제 교재들이나 글만 많은 경제책들을 뒤로 하고 놀이와 경험 위주로 누구나 경제에 대해서 쉽게 접근할 수 있도록 제작하였습니다.

부모님과 선생님들이 하기 힘들었던 경제 교육을 에디스교육이 설계한 프로그램을 통해서 손쉽게 해주시길 바랍니다.

에디스교육 대표 김 동 화

차 례

돈을 셀 수 있어요!

01

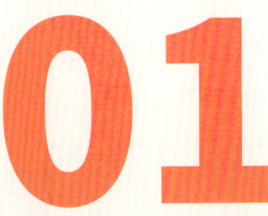

우리는 일한 만큼 생산하고 돈을 벌 수 있는 '자본주의' 속에서 살고 있어요. 그럼 '자본주의'는 무엇일까요?

자본주의는 자본을 굴려서 이윤을 얻는 경제 체제예요.
그럼 자본은 무엇일까요?

돈이라고 불리는 거래 수단, 재화라고 불리는 물건과 노동으로 불리는 서비스와 일을 우리는 자본이라고 한답니다. 너무 어렵죠? 우리 돈을 먼저 알아볼까요? 돈은 우리가 물건을 사거나, 음식을 사 먹을 때 항상 필요하죠? 돈을 쉽고 제대로 쓰기 위해서는 큰 숫자를 알고 빠르게 읽는 것이 큰 도움이 돼요. 숫자를 빨리 읽을 수 있다면 돈을 빠르게 계산할 수 있기 때문이에요.

01 큰 수의 단위 알아보기

단위와 수를 읽어보고, 0의 개수를 표에 적어보세요.

단위	수	0의 개수
일	1	
십	10	
백	100	
천	1000	
만	10000	
십만	100000	
백만	1000000	
천만	10000000	
억	100000000	
십억	1000000000	
백억	10000000000	
천억	100000000000	
조	1000000000000	
십조	10000000000000	
백조	100000000000000	
천조	1000000000000000	
경	10000000000000000	

아래의 수를 읽고 0의 개수와 단위를 적어주세요.

1 0 0 0 0 0 0 0 0 0 0 0

0의 개수	단위

02 어떤 수가 더 클까요?

더 큰 수에 O표 하세요.

1	135	210
2	1000	10000
3	9100	9000
4	1000000	200000
5	11111	22222

03 돈을 셀 수 있어요!

유리병에 들어있는 돈은 모두 얼마일까요?

원

04 돈과 관련한 표현들

보기

- **돈을 물 쓰듯 하다** - 돈을 펑펑 쓴다는 표현
- **파리가 날리다** - 손님이 없을 때 쓰는 표현
- **티끌 모아 태산** - 작은 것이라도 모이면 나중에 큰 것이 된다는 속담
- **땡전 한 푼 없다** - 돈이 없다는 표현

보기의 표현들을 알맞은 그림에 적어주세요.

쉬어가기

두 그림에서 다른 점을 찾아보세요! (5곳)

정답은 127페이지에 있습니다.

돈은 어떻게 탄생했을까?

02

돈은 어떻게 탄생했을까요? 아주 옛날에는 돈이 없었습니다. 그러면 자신이 원하는 것을 어떻게 얻을 수 있었을까요?

예를 들어, 쌀 농사를 하는 농부는 고기나 생선을 먹기 위해서 사냥을 해야 하지만, 농사를 짓느라 너무 바빠서 사냥할 시간이 도저히 없었답니다. 그래서 고기를 가진 다른 사람들에게 일정량의 쌀을 주고 비슷한 양의 고기를 받았어요. 이렇게 본인이 원하는 물건을 얻으면서 물물 교환이 시작되었어요.

하지만, 물물 교환을 통해서는 매일 자신이 원하는 것을 찾거나 얻을 수가 없었어요. 그래서 다들 장소와 시간을 정해서 물물 교환을 하기 시작하였는데, 이렇게 '시장'이 탄생하게 되었습니다.

그러나, 시장에서 물물 교환하는 것도 문제가 있었어요. 옷을 만들어 팔러 나온 사람은 생선이 필요했는데, 생선을 파는 어부는 돼지고기가 필요했던 것이었죠. 서로 얻으려는 것이 달라서 물물 교환이 성사되기가 어려웠어요.

그래서 모두가 거래를 쉽게 하기 위한 방법을 고민하다가, 바로 돈이 탄생하게 되었어요.

01 돈이 없다면?

백화점도 마트도 돈도 없는 아주 옛날,
쎄쎄모는 사과를 어떻게 구할 수 있을까요?

아주 옛날에 사과를 구할 수 있었던 방법으로 알맞은 것을 그림에서 찾아 O표 해보세요.

대한민국 지폐의 구성 요소

대한민국의 화폐 단위는 '원'이에요. 조선 시대와 일제 강점기까지 '환'이라는 화폐 단위를 쓰다가 광복 이후에 처음 도입되었어요. 지금 우리나라 공식적인 지폐는 1,000원 / 5,000원 / 10,000원 / 50,000원이 있답니다. 지폐마다 우리나라를 대표하는 위인들이 그려져 있습니다.

1,000원권에는 퇴계 이황, 5,000원권에는 율곡 이이, 10,000원권에는 세종 대왕, 50,000원권에는 신사임당이 그려져 있어요. 5,000원권에 그려져 있는 율곡 이이의 어머니가 50,000원권에 그려진 신사임당이라는 사실은 더욱 놀랍죠?

지폐는 아무나 만들 수 없어요. 그래서 지폐에는 따라 할 수 없도록 장치를 넣어두어 위조가 불가능하게 하고 있습니다. 위조가 뭐냐고요? 복사 같은 것을 통해 똑같이 만드는 것을 위조라고 해요. 지폐를 위조하게 되면, 사람들이 돈을 벌려고 하지도 않을 것이고 그러면 경제 질서가 무너져요. 그래서 위조 방지 장치를 지폐의 곳곳에 숨겨 두었답니다.

우리 지폐에는 어떤 위조 방지 장치가 있을까요?

02 화폐의 위조방지장치를 찾아요!

실제 화폐를 보면서 어디에 위조방지장치가 있는지 찾아 그림에 O표 해보세요.

03 우리나라 지폐를 찾아요!

쎄쎄모가 돈을 잃어버렸다고 해요. 쎄쎄모가 가지고 있던 우리나라 돈은 어떤 것일까요?

우리나라 돈으로 알맞은 그림을 찾아 O/X표 해보세요.

04 지폐 이야기

우리나라의 돈은 한국 조폐 공사에서 만들어요! 한국은행이
돈에 넣을 그림과 만들 양을 정하고, 한국 조폐 공사에 주문해요.

A와 B에 들어갈 단어를 적어보세요.

A.

B.

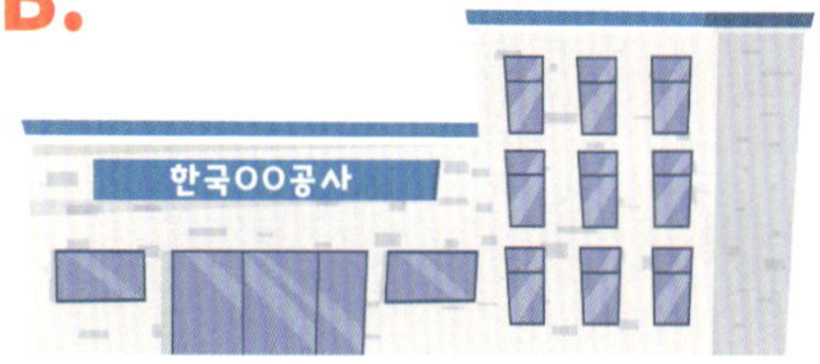

우리가 사용하는 돈은
A ㅎ ㄱ ㅇ ㅎ 에서
만들어지잖아?

땡! 틀렸어.
A ㅎ ㄱ ㅇ ㅎ 의 주문을 받아
B ㅎ ㄱ ㅈ ㅍ ㄱ ㅅ 에서
만들어!

A □ □ □ □

B □ □ □ □ □ □

05 나만의 화폐 만들기

네모 칸 안에 나만의 화폐를 꾸며주세요.

06 돈을 세어요!

통통보와 모모네 중 누가 더 많은 돈을 가지고 있는 걸까요?

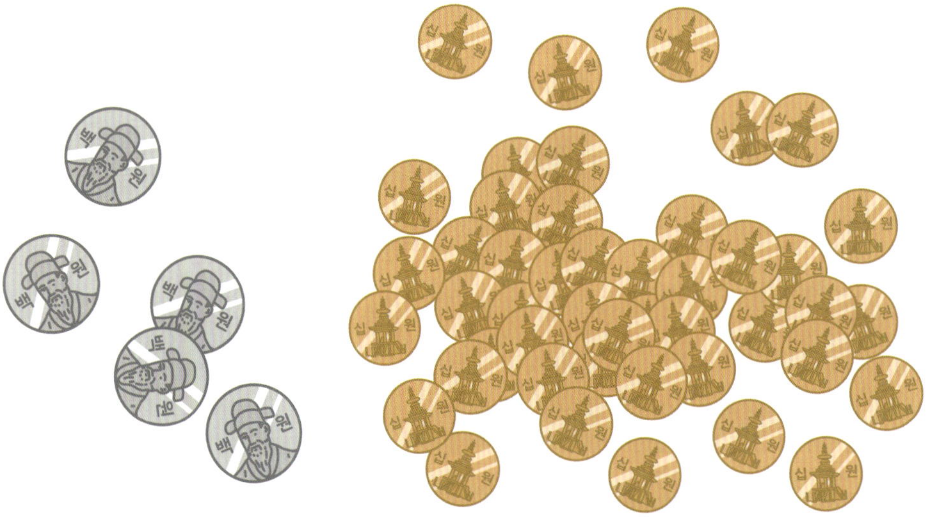

나 봐라? 진짜 많지?

말도 안돼. 난 5개밖에 없는데...
하지만 난 100원짜리인걸?

에이~ 내가 갯수가 더 많아서 돈도 더 많을걸?

100만원짜리 5개를 가지고 있는 통통보일까요?
10원짜리 46개를 가지고 있는 모모네일까요?

07 금화와 은화... 그리고?

빈칸에 들어갈 알맞은 단어는 무엇일까요?

은화

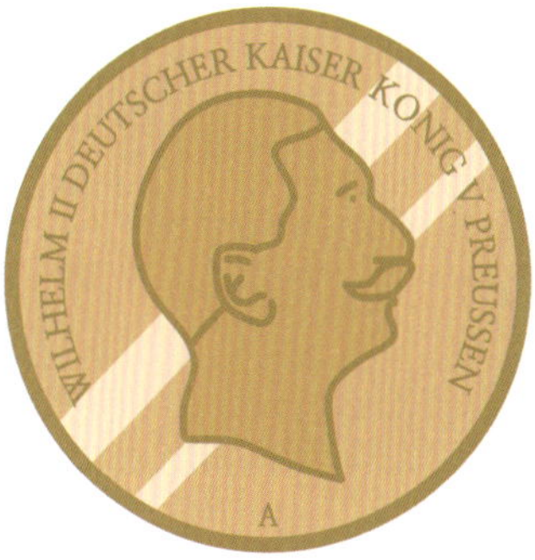

금화

ㅇ ㅈ

우리나라에서도 금화나 은화와 같이 비슷한 모양의 동글납작하며 가운데 네모난 구멍이 뚫린 돈을 사용하였어요! 이것의 이름은 무엇일까요?

쉬어가기

두 그림에서 다른 점을 찾아보세요! (5곳)

정답은 127페이지에 있습니다.

신분증이 필요한 이유

03

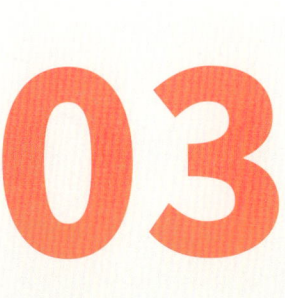

경제 주체 되어보기

경제 활동은 돈을 쓰고 관리하는 것이 기본 활동입니다. 돈을 쓰고 관리하는 사람은 바로 '내'가 되겠죠? 그래서 경제라는 테두리 안으로 들어가려면 '나'라는 존재가 제일 중요합니다. 경제 활동을 하기 위해서는 '나'는 누구인지, '나'는 믿을 수 있는 사람인지를 알아야 하는데, 그러기 위해서는 '내'가 누구인지를 확인하는 것이 중요하겠죠?

우리는 어떻게 '나'를 증명할 수 있고, 사람들은 어떻게 다른 사람이 누구인지 확인할 수 있을까요? 바로 이럴 때 신분증이 필요합니다. 신분증은 대표적인 본인 확인 수단이죠.

'나'를 증명할 수 있는 방법에는 신분증 말고는 또 무엇이 있을까요?

01 우리나라의 신분증

주민등록증은 대한민국 국민으로서 발급받을 수 있는 신분증으로 17세가 되면 신청할 수 있습니다! 그 전에는 학생증을 발급받아 신분증으로 이용할 수 있어요! 그리고, 외국에 여행을 가기 위해서는 여권이라는 신분증이 필요합니다.

신분증 그림을 보고 알맞은 이름을 선으로 연결해 보세요.

학생증　　여권　　주민등록증

02 신분증의 역사

조선시대에는 호패라고 하는 신분증을 사용했어요. 호패는 나무나 상아에 이름과 사는 곳 등을 기록하였습니다. 요즘에는 스마트폰에 발급하는 모바일 신분증으로 주민등록증을 가지고 다니지 않아도 된다고 해요!

과거부터 현재까지의 신분증을 순서대로 연결해 보세요.

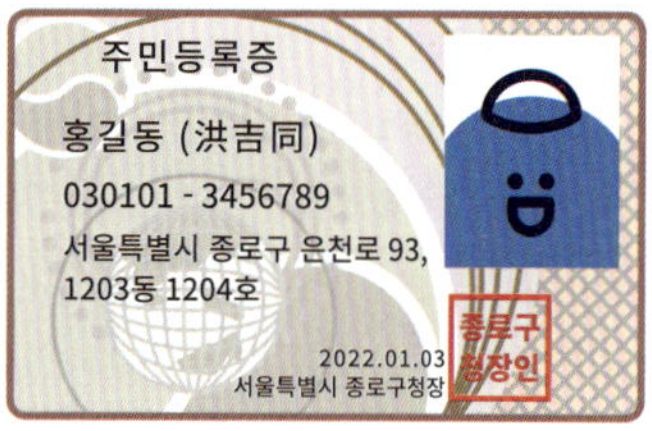

과거 현재 미래

03 신분증은 언제 필요할까요?

신분증의 사용이 필요한 경우를 그림에서 찾아 O/X로 표시해 보세요.

마트에서 과자를 살 때

통장을 만들 때

버스를 탈 때

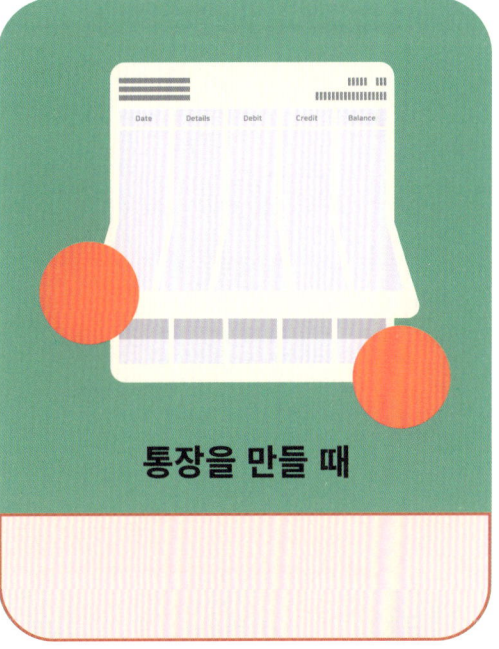

비행기를 탈 때

쉬어가기

다른 그림 찾기!

두 개의 신분증에 그림이 다른 부분이 4개 숨어 있어요! 다른 부분을 찾아 O표 해보세요.

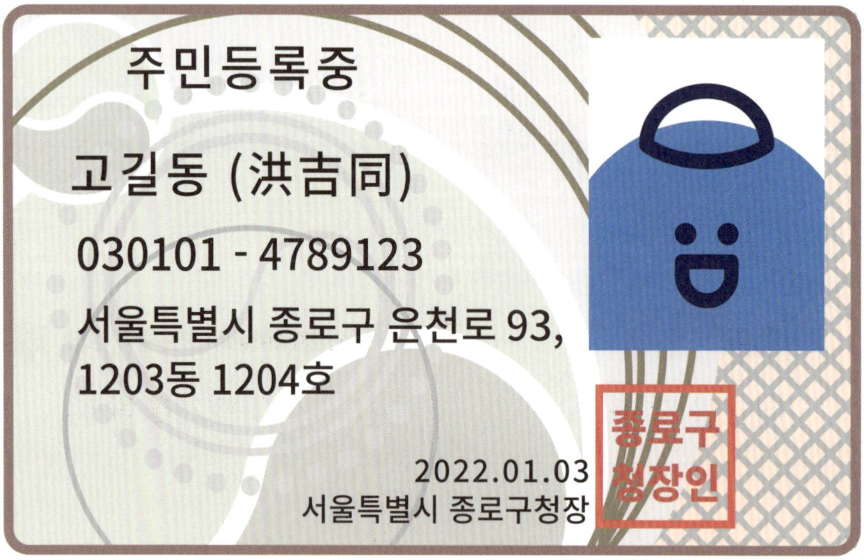

05 도장을 찍어요!

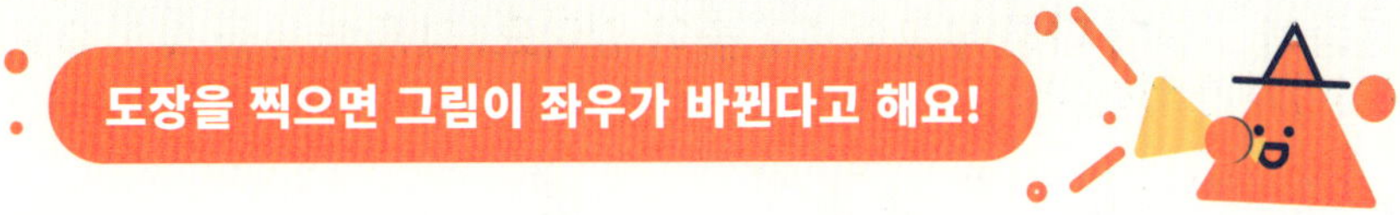

도장을 찍으면 그림이 좌우가 바뀐다고 해요!

아래의 도장을 찍었을 때 볼 수 있는 알맞은 그림에 O표 해보세요.

A

B

C

쉬어가기

두 그림에서 다른 점을 찾아보세요! (5곳)

정답은 127페이지에 있습니다.

용돈을 관리하는 방법

우리는 사회로 나가서 직접 경제 활동을 할 수 없기 때문에, 부모님을 도와드리고 용돈을 벌어서 미리 경제 생활을 체험해 볼 수 있겠죠? 그럼, 어떻게 용돈을 벌면 좋을지 생각해 보세요.

01 일을 하고 받는 돈은?

빈칸에 들어갈 알맞은 단어는 무엇일까요?

회사에 나가서 일을 하는 경우, 보통 1개월 단위로 일을 한 대가를 받아요.
그래서 사람들은 이것을 [ㅇ] [ㄱ] 이라고 부릅니다.
하지만, 어떤 일을 하느냐에 따라 돈을 받는 방식은 각자 다를 수 있어요.

[ ] [ ]

02 용돈을 벌 수 있는 방법

쎄쎄모와 모모네의 대화를 읽고, 내가 생각하는 용돈을 벌 수 있는 방법을 자유롭게 써보세요.

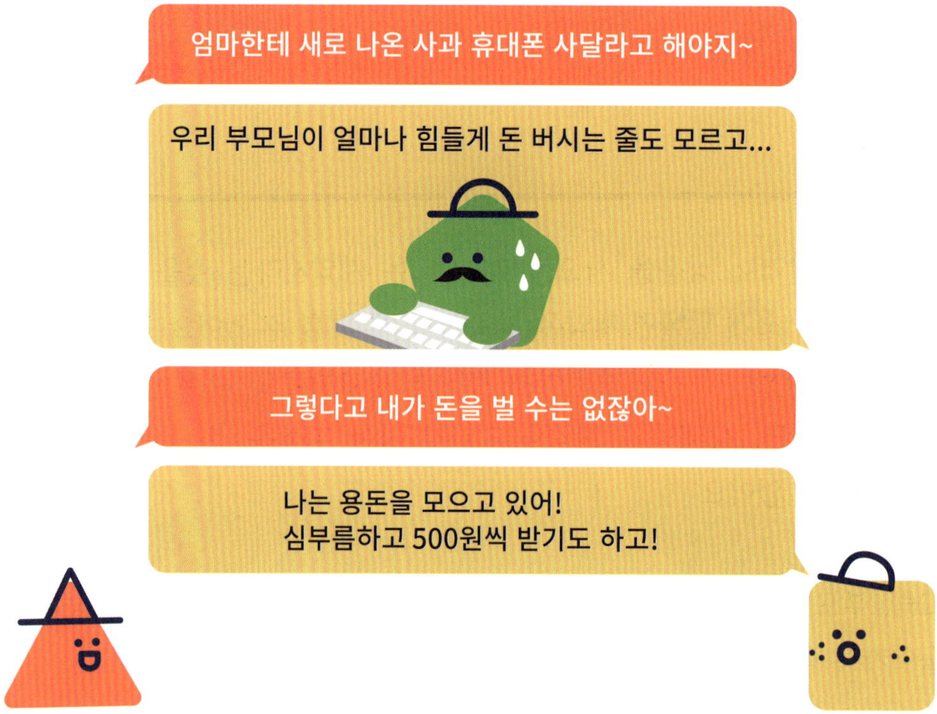

엄마한테 새로 나온 사과 휴대폰 사달라고 해야지~
우리 부모님이 얼마나 힘들게 돈 버시는 줄도 모르고...
그렇다고 내가 돈을 벌 수는 없잖아~
나는 용돈을 모으고 있어!
심부름하고 500원씩 받기도 하고!

용돈 계약서 쓰기

돈을 주고받거나 상품을 사고팔 때 우리는 계약서라는 것을 써요. 계약은 무엇일까요? 쉽게 말하면 계약은 '약속'과 같다고 할 수 있어요. 경제 활동에서 계약과 계약서는 '나'를 증명하는 것만큼 중요한데요. 이유는 무엇일까요? 계약이 없다면, 상대방이 계약을 지키지 않아 피해를 보는 경우 법적으로 보호받을 수 없어요.

그럼, 부모님과 함께 용돈 계약서를 써볼까요? 용돈 계약서에는 무슨 내용이 들어가야 할까요?

계약서에는 계약하는 사람들의 '이름'과 '언제' 계약을 하는지, 그리고 제일 중요한 '계약 금액'이 들어가야 해요. 그리고 어떤 내용인지도 계약서에 적어야겠죠?

아차! 그 전에, 계약서에는 계약하는 사람들의 도장이나 서명이 꼭 필요해요. 그런데, 우리는 도장이 없으니까, 서명을 먼저 만들어봐요. 신분증과 함께 도장이나 서명이 준비되었다면 계약서를 써볼까요?

03 나만의 서명 만들기

내 서명은 다른 사람이 따라 할 수 없고 나만이 쓸 수 있도록 만드는 것이 좋아요! 하지만, 서명은 여러 번 쓰더라도 항상 비슷해야하기 때문에 나도 쓰기가 어려우면 안 되겠죠?

[예시]

이강인 서명

'이름을 변형시켜 서명을 만들 수 있어요!'

용돈계약서

본 계약서는 부모 ________ 와(과) 자녀 ________ 의 용돈 지급 및 사용에 대한 계약서이며,
계약 기간은 ________ 년 ______ 월 ______ 일 ~ ________ 년 ______ 월 ______ 일이다.

[계약내용]

1. __________ 은(는) __________ 에게 용돈을 지급한다.
2. 정기용돈 지급일은 __________ 이다.
3. 그 외 용돈은 상호 협의된 내용(뒷면)을 따른다.
4. 지급되는 용돈은 __________ 이다.
5. 용돈 지급일 또는 액수를 변경하기 위해서는 계약 당사자 모두의 동의가 필요하다.
6. 계약내용은 모두 성실히 이행되어야 한다.
7. 만약 이행되지 않을 경우 당사자 누구나 논의를 요청할 수 있다.

위의 내용을 성실히 수행할 것입니다.

__________ 년 ________ 월 ________ 일

부모 (서명)

자녀 (서명)

상호 협의된 용돈

활동내역	지급액
	원
	원
	원
	원
	원
	원
	원
	원
	원
	원
	원
	원
	원
	원

용돈을 잘 쓰기

용돈을 받았는데, 계획 없이 이것도 사고 저것도 사면서 사고 싶은 것을 다 사버린다면 용돈이 금방 없어지겠죠? 그랬을 때, 우리는 나중에 더 중요한 것을 사야 하는 경우 그 물건을 사지 못할 수도 있어요.

먼저 우리가 용돈이 생기면, 무엇이 제일 가지고 싶은지 생각해 보고, 또 우리가 용돈을 어떻게 쓰면 좋을지 계획을 세워보세요.

04 계획적으로 용돈 사용하기

다음 중 용돈을 계획적으로 사용하는 친구는 누구인가요? O로 표시해 보세요.

이번 주 용돈이 10,000원 이니까 2,000원은 저금통에 넣고, 5,000원으로 친구 생일 선물 사고, 남은 돈은...

얘들아 가자! 나 용돈 받았어!
내가 떡볶이 살게!!

오예!
오늘 하루종일 게임이다!!

Sticker
131페이지

05 용돈 사용 계획 세우기

나는 용돈을 어떻게 사용할지 생각해 보고, 스티커를 붙여주세요.

1 친구와 함께 간식을 사 먹어요!

2 다음에 쓰기 위해 돈을 저축해요!

3 사고싶었던 물건을 사요!

용돈기입장을 작성해보세요! 🐷

목표금액

원

내가 갖고 싶은 것을 그림과 글로 표현해 봅시다.

날짜	내용	들어온 돈	나간 돈	남은 돈
합계				

용돈기입장을 작성해보세요! 🐷

목표금액

원

내가 갖고 싶은 것을 그림과 글로 표현해 봅시다.

날짜	내용	들어온 돈	나간 돈	남은 돈
합계				

쉬어가기

두 그림에서 다른 점을 찾아보세요! (5곳)

정답은 128페이지에 있습니다.

돈을 버는 방법

05

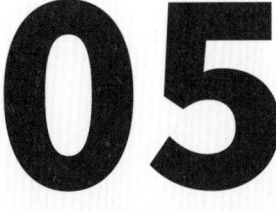

돈을 버는 대표적인 방법은 재화와 서비스를 파는 것입니다. 과일 가게, 옷 가게, 빵집, 편의점에서는 재화를 팔고, 미용실, 병원, 놀이공원은 서비스를 팔아요.

재화와 서비스는 무엇일까요? 문제를 풀어보며, 재화와 서비스를 구분해 보세요.

그리고, 나는 미래에 어떤 직업을 갖고 싶은지 고민해 보세요. 직업을 갖는다는 것은 돈도 벌 수 있고, 보람도 느낄 수 있는 중요한 활동이랍니다.

재화와 서비스를 구분해요!

우리가 사고 파는 것들 중에 눈에 보이는 것은 재화, 눈에 보이지 않지만 꼭 필요한 것은 서비스라고 합니다.

그림을 보고, 재화와 서비스를 구분하여 적어주세요.

02

다양한 직업들

부모님이 하시는 일을 그려보세요.

03 나의 장래 희망

내가 미래에 하고 싶은 일은 무엇인가요? 그림으로 그려보세요.

Sticker

132페이지

04 직업에 대해서 알아봐요.

모모네와 통통보의 장래 희망을 알아보고, 필요한 물건 스티커를 붙여주세요.

모모네의 장래희망은 선생님이에요!
모모네에게 필요한 것은 무엇일까요?

통통보의 장래희망은 제빵사예요!
통통보에게 필요한 것은 무엇일까요?

05 직업 관련 O/X 퀴즈

다음 직업과 관련된 그림과 설명을 보고, 알맞은 내용인지 O/X로 표시해 보세요.

사람들은 각자의 직업을 가지고 일을 하면서 살아가고 있습니다.

직업 생활을 통하여 소득을 얻을 수 없습니다.

직업생활을 통하여 다른 사람들에게 도움을 줄 수 있습니다.

우리가 사용하는 돈은 부모님께서 힘들게 번 것이기 때문에 소중하고 값지게 써야 합니다.

쉬어가기

두 그림에서 다른 점을 찾아보세요. (5곳)

정답은 128페이지에 있습니다.

현명한 소비자가 되는 방법

06

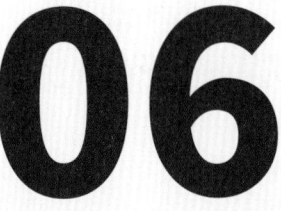

우리는 용돈을 받고 용돈 기입장을 쓰며 돈을 어떻게 썼는지 기록했어요. 그리고 용돈을 모으는 목표가 무엇인지를 생각하며, 아껴 쓰기도 했습니다.

우리가 돈이나, 시간을 쓰는 것을 소비라고 해요. 그리고 이러한 소비는 항상 만족감을 가져다줘요. 맛있는 것을 사 먹으면 포만감을 느끼기도 하고, 나에게 딱 맞는 예쁜 옷을 사고 나면 하루 종일 기분이 좋기도 해요.

그런데, 우리가 가진 돈은 무한하지 않아서 가지고 싶은 것을 전부 사지는 못해요. 그래서 물건을 살 때는 자신의 기분을 더 좋게 하거나, 자신에게 더 필요한 것을 사야 해요. 이런 것을 합리적인 소비라고 하는데요. 지금부터는 똑똑하게 돈을 쓰는 방법인 '합리적인 소비'에 대해서 알아볼 거예요.

01 합리적인 돈의 사용

사다리타기 놀이를 통해, 어떤 친구가 돈을 합리적으로 사용하는지 확인해 보세요!
합리적으로 돈을 사용한 친구의 이름을 아래의 빈칸에 적어 주세요.

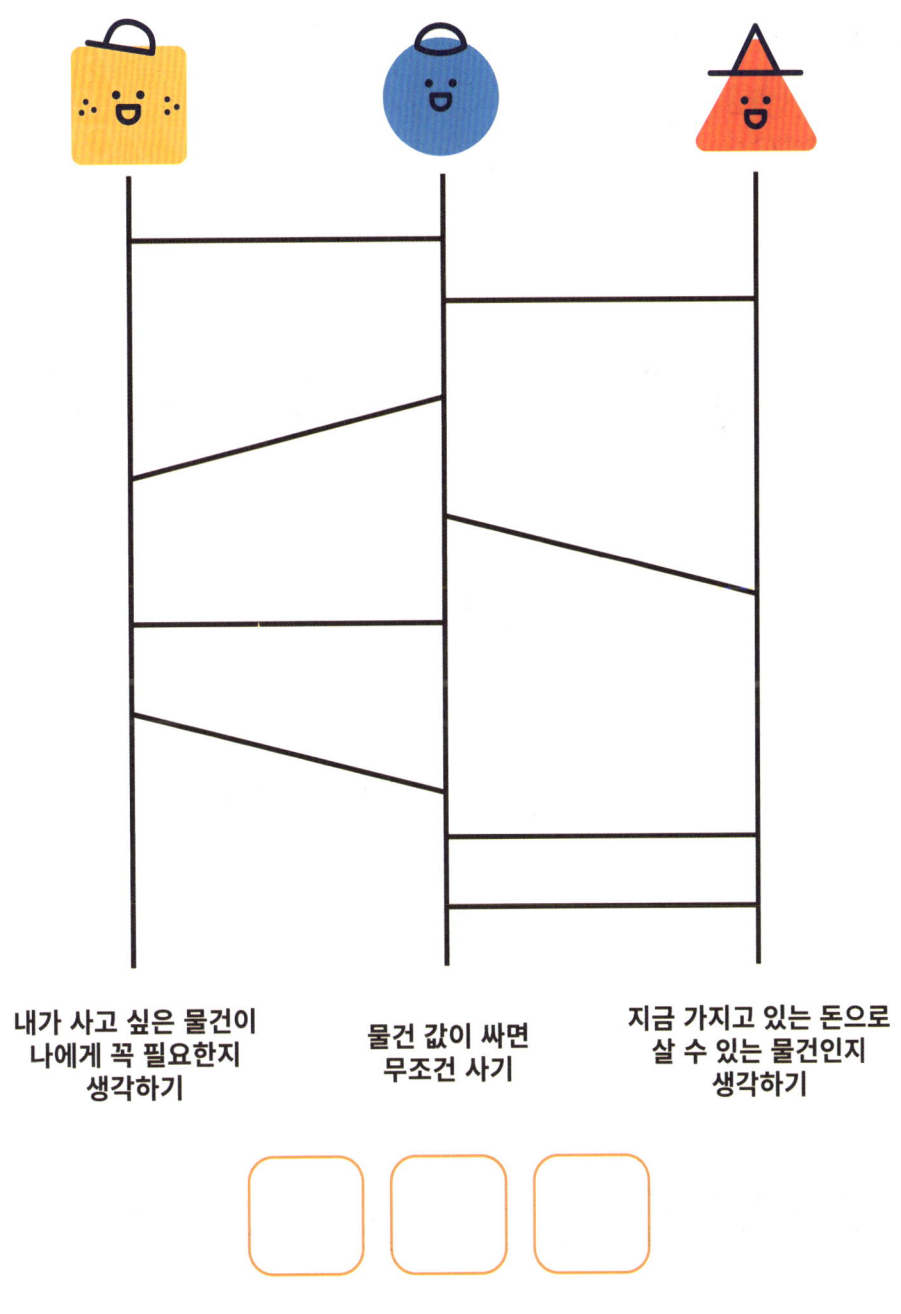

내가 사고 싶은 물건이 나에게 꼭 필요한지 생각하기

물건 값이 싸면 무조건 사기

지금 가지고 있는 돈으로 살 수 있는 물건인지 생각하기

02 합리적인 소비

합리적인 소비를 하기 위해서는 나에게 꼭 필요한 물건인지 먼저 생각하고, 더 저렴하게 살 수 있는 방법이 있는지 찾아보는 것이 좋습니다.

합리적인 소비를 한 친구는 누구인지 O/X로 표시해 보세요.

용돈으로 만 원을 받은 모모네. 새로 나온 귀여운 캐릭터가 그려진 필통을 살지, 다 써가는 볼펜을 새로 살지 고민하다가 더 필요하다고 생각한 볼펜을 구매함!

슬라임을 좋아하는 쎄쎄모. 집에도 슬라임이 많지만, 친구들을 따라 슬라임을 삼. 이후에 갖고 싶은 인형이 생겼지만, 이미 슬라임을 사는 데 돈을 다 써버림.

모은 돈으로 휴대폰을 사려고 하는 통통보. 모양이 예쁘고 비싼 휴대폰을 살지, 성능이 좋고 저렴한 휴대폰을 살지 고민하다가 성능이 좋고 저렴한 휴대폰을 구입함!

Sticker

131페이지

03 거스름돈 계산하기

물건을 살 때에는 거스름돈을 정확하게 돌려받았는지 확인해야 합니다!

아래 그림을 보고 거스름돈을 얼마나 받아야 하는지 스티커를 붙여보세요.

상품(가격)	통통보가 낸 돈	거스름돈
 도넛 2개 (3,000원)		
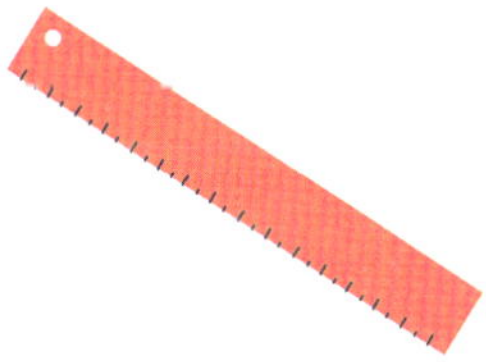 자 (700원)		
 로봇장난감 (24,900원)		

비싼 물건이 사고 싶을 때는 어떻게 하면 좋을까요?

내가 가지고 있는 돈보다 사고 싶은 물건이 더 비쌀 때도 있어요. 내 돈으로는 살 수 없다면, 부모님께 이 물건이 꼭 필요하니까 사달라고 요청할 수 있겠죠?

그럼, 부모님이 물건을 다 사주실까요? 안 사주시는 경우에는 어떻게 부모님을 설득해서 물건을 사달라고 부탁하면 좋을까요? 우리는 이제 경제를 배웠기 때문에 조금 더 똑똑하게 부모님을 설득해 볼 수 있어요. 왜 이 물건이 나에게 필요한지, 내가 이 물건을 갖게 되면 무엇을 할 수 있는지를 고민해 보세요. 깊이 생각해 봤을 때 합리적인 소비라고 판단했기 때문에 구매를 해야 한다고 부모님을 설득한다면, 부모님이 물건을 사주실 거예요.

앞으로 나오는 구매 요청서를 작성하여, 나에게 꼭 필요한 물건을 부모님께 사달라고 요청해 보세요. 구매 요청서에는 내가 사고 싶은 물건이 무엇인지, 그리고 사야 하는 이유가 무엇인지 적어야 합니다. 그리고, 그 물건을 어디서 사면 싸게 살 수 있는지도 조사해서 적어주세요. 물건을 조금이라도 저렴한 가격에 사는 것만큼 합리적인 소비는 없으니까요!

구매요청서를 작성해보세요.

구매요청서	
신청자	
신청일자	
구매하고자 하는 물건	
사야 하는 이유	
구매처 및 가격 비교	
내가 선택한 구매처와 이유	
______________ 을 살 수 있도록 승인 부탁 드립니다. 승인자 : (인)	

구매요청서를 작성하면서, 다음의 내용을 생각하였나요?

1. 나에게 꼭 필요한 물건인지 생각했습니다. ☐
2. 물건에 대한 정보를 알아봤습니다. ☐
3. 똑같은 물건을 더 싸게 살 수 있는 곳이 있는지 알아봤습니다. ☐
4. 물건의 다양한 기능들을 비교했습니다. ☐
5. 산 물건을 계속해서 잘 사용할 것인지 한 번 더 생각했습니다. ☐

구매요청서를 작성해보세요.

구매요청서	
신청자	
신청일자	
구매하고자 하는 물건	
사야 하는 이유	
구매처 및 가격 비교	
내가 선택한 구매처와 이유	

__________ 을 살 수 있도록 승인 부탁 드립니다.

승인자 : (인)

구매요청서를 작성하면서, 다음의 내용을 생각하였나요?

1. 나에게 꼭 필요한 물건인지 생각했습니다. ☐
2. 물건에 대한 정보를 알아봤습니다. ☐
3. 똑같은 물건을 더 싸게 살 수 있는 곳이 있는지 알아봤습니다. ☐
4. 물건의 다양한 기능들을 비교했습니다. ☐
5. 산 물건을 계속해서 잘 사용할 것인지 한 번 더 생각했습니다. ☐

구매요청서를 작성해보세요.

구매요청서	
신청자	
신청일자	
구매하고자 하는 물건	
사야 하는 이유	
구매처 및 가격 비교	
내가 선택한 구매처와 이유	

_______________ 을 살 수 있도록 승인 부탁 드립니다.

승인자 : (인)

구매요청서를 작성하면서, 다음의 내용을 생각하였나요?

1. 나에게 꼭 필요한 물건인지 생각했습니다. ☐
2. 물건에 대한 정보를 알아봤습니다. ☐
3. 똑같은 물건을 더 싸게 살 수 있는 곳이 있는지 알아봤습니다. ☐
4. 물건의 다양한 기능들을 비교했습니다. ☐
5. 산 물건을 계속해서 잘 사용할 것인지 한 번 더 생각했습니다. ☐

쉬어가기

두 그림에서 다른 점을 찾아보세요. (5곳)

정답은 128페이지에 있습니다.

세금을 꼭 내야 하나요?

07

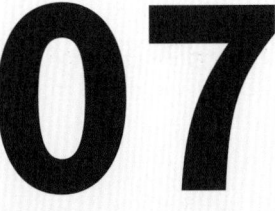

우리가 돈을 벌거나 쓸 때, 일정 부분 국가에 돈을 내고 있어요. 왜 국가에 돈을 내냐고요? 국가는 그렇게 벌어들인 돈으로 우리의 삶을 편리하고 살기 좋게 해줍니다.

어떻게요? 바로 이렇게요! 우리가 다니는 학교도 짓고, 이동이 편리할 수 있도록 도로도 건설하고, 불이 나면 소방관이 출동하여 불도 꺼주시고, 경찰관들은 나쁜 사람들도 잡아주죠.

이렇게 우리가 국가에 내는 돈을 세금이라고 해요. 그럼, 우리 세금에 대해서 알아볼까요?

01 나라를 위해 내야하는 돈

아래의 빈칸을 채워 보세요.

1 나라가 국민들로부터 소득의 일부를 걷는 돈을 [ㅅ][ㄱ]이라고 합니다.

[ ][ ]

2 다음 중 나라의 세금이 쓰이는 곳이 아닌 곳은? O/X로 표시해 보세요.

1. 공장

2. 가로등

3. 공원

4. 군인

5. 의사

6. 경찰관

02 세금을 잘 쓰는 방법

세금은 모든 국민을 위해 사용해야 합니다.어떻게 쓰는 것이 좋을지 고민해 보세요.

내가 나라의 살림살이를 하는 사람이라고 생각하고, 100만 원의 세금이 있다면 어디에 쓰는 것이 좋을지 <세금이 필요한 일들>을 참고하여 적어 봅시다.

<세금이 필요한 일들>

- 고장난 신호등 고치기
- 소방차 구매하기
- 지진 피해 복구하기
- 경찰차 구매하기
- 공원 만들기
- 벚꽃 축제 열기
- 생활이 힘든 사람 지원하기
- 초등학교 새로 짓기

쓸 수 있는 세금 100만원	
세금을 쓰는 곳	비용

03 우리 주변의 세금

우리가 물건을 살 때 물건값에 포함된 세금이 있어요. 세금의 이름은 '부가가치세'이고, '부가세'라고도 불러요.

부가가치세를 찾아 O표 하세요.

빅마트

달걀	5,600
식빵	4,000
콜라	2,500
초콜릿	1,000
합계금액	13,100
과세합계	11,910
부가세	1,190

중국집

짜장면	7,000
짬뽕	8,000
탕수육	15,000
과세합계	27,273
부가세	2,727
판매합계	30,000

예쁜 옷

2023.01.15

티셔츠	14,000
청바지	30,000
과세합계	40,000
부가가치세	4,000
판매합계	**44,000**

에디스 병원

2023.03.01

진료비	12,000
주사비	3,000
판매합계	**15,000**
과세합계	15,000
부가가치세	0

04

재미있는 세금 이야기

아래의 세금 이야기를 읽고, 빈칸에 들어갈 알맞은 단어를 채워 보세요.

에스토니아에는 지구 온난화와 관련한 특이한 세금이 있어요!
지구 온난화는 온실가스의 영향으로 지구가 점점 따뜻해지는
환경 문제를 말해요!

그런데 '소'가 온실가스를 만들어 낸다고 하네요?
그래서 에스토니아에는 소의 [ㅂ] [ㄱ]에 세금을 매겨서, 환경 보호를
하고자 합니다.

여기서 세금의 이름은 무엇일까요?

[ ] [ ] 세

05

옛날에는 세금을 어떻게 냈을까?

조선 시대에는 돈이 아닌 지역의 특산물을 세금으로 냈다고 해요!

내가 살고 있는 지역이나 다른 지역의 특산물에는 어떤 것이 있나요? 그림으로 그려보세요.

돈이 많은 사람은 세금을 더 많이 낼까요?
아주 옛날에는 모든 사람이 같은 금액의 세금을 냈다고 해요!
하지만, 지금은 돈이 많은 사람은 세금을 더 많이 내고 있답니다!

나는 돈이 많지 않은데,
어떻게 돈이 많은 모모네랑
같은 세금을 내야 하는 거지?
나는 세금 낼 돈도 없어...

세금은 국민들에게 쓰이기 위해 우리 모두에게서 걷는 돈이에요. 아래의 표를 보고 세금을 올바르게 사용하는 것인지 다시 한번 확인해볼까요?

세금의 사용처	O / X
친구의 필통과 색연필을 세금으로 사요.	
코로나로 힘들 때 생활 비용을 세금으로 지원해줘요.	
우리 모두가 다니는 도로를 세금으로 깨끗하게 청소해요.	
친구의 예쁜 리본핀을 세금으로 사요.	
어두운 도로에 가로등을 세금으로 설치해요.	
우리 집 근처 공원을 세금으로 만들어요.	
엄마 아빠와 놀러 가는 놀이공원은 세금으로 지어요.	

세금도 아껴 쓰는 방법이 있을까요?
부모님과 함께 이야기 나눠보도록 해요.

옆집 형은 축구를 좋아해요.
길에서 축구공으로 놀다가 가로등을 깨고 말았어요.
깜짝 놀랐지만, 형은 "에이 어차피 내 돈으로 교체하는 거 아니잖아? 괜찮아!"라고 했어요.
정말 '나'의 돈으로 교체하는 게 아니니까 다행인 걸까요?

친구의 할머니는 몸이 불편하셔서 일을 할 수가 없으시대요.
그러면 어떻게 생활을 하실까 궁금했는데 주민 센터에 가셔서 쌀도, 김치도 지원받는대요.
어? 그런데 세금은 개인을 위해 쓰는 돈이 아니라고 했는데,
이렇게 지원해 줘도 되는 걸까요?

나는 책 읽는 것을 좋아해서 나라에서 지어준 국립 도서관에 자주 가요.
그런데 책을 읽다가 낙서를 발견했어요. 그래서 지우개로 열심히 지우려다가
그만 책이 찢어지고 말았어요. 너무 미안해서 내가 가지려고 해요.
나라에서 또 책을 채워주실 거니까 그래도 괜찮겠죠?

내가 생각하는 세금을 아껴 쓰는 방법은 무엇이 있나요?

쉬어가기

두 그림에서 다른 점을 찾아보세요. (5곳)

정답은 128페이지에 있습니다.

은행에서 하는 일

08

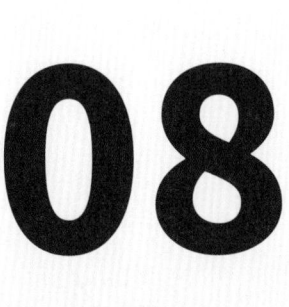

자동차나 집과 같은 큰 재화나 서비스를 살 때는 우리가 버는 돈보다 더 많은 돈이 필요할 수도 있어요. 이럴 때를 위해 우리는 돈을 모아야겠죠? 돈을 모으는 방법은 여러 가지가 있어요. 집에 있는 저금통에 돈을 모을 수도 있고, 은행에 저축할 수도 있겠죠? 하지만, '은행'을 이용한다면 우리는 더 안전하게 돈을 모을 수 있고, 이자도 받을 수 있어 돈을 더 많이 모을 수 있어요.

은행이 우리가 모으는 돈을 저축해 주는 일만 할까요? 아닙니다. 요즘과 같이 현금을 많이 들고 다니지 않는 경우, 은행은 더 중요한 역할을 하게 된답니다. 그럼 은행이 무슨 일을 하는지 한 번 알아볼까요?

그리고 저축을 하면 좋은 점은 무엇일까요?

01 은행에 돈을 보관하면 좋은 점

은행은 돈이 필요한 사람들에게 돈을 빌려주기도 하고, 다른 사람들의 돈을 보관해주기도 합니다.

아래의 빈칸에 들어갈 단어는 무엇일까요?

은행에 돈을 저축하면, [ㅇ] [ㅈ]를(을) 받을 수 있어요!
그러니 집에 돈을 보관하는 것보다 은행에 돈을
보관하는 것이 더 이득이겠죠?

은행에서 돈을 빌리면 [ㅇ] [ㅈ]를(을) 내야 해요!
돈을 빌린 대가를 은행에 줘야 한답니다.

[ ] [ ]

02 은행에서 하는 일

은행에서는 다양한 일들을 할 수 있어요! 저축을 위해 은행에 돈을 맡기는 예금과 돈이 필요한 사람에게 빌려주는 대출, 그리고 다른 나라 돈으로 바꿔 주는 환전도 할 수 있습니다.

아래의 내용을 읽고, 은행에서 어떤 업무를 봐야 하는지 선으로 연결해 보세요.

세뱃돈을 많이 받아서 용돈 중에서 일부를 은행 통장에 저축할 거예요!	가족들과 미국으로 여행을 떠나요! 미국에서는 한국 돈을 쓸 수 없다고 해서, 미국 돈인 달러로 바꿔야 해요!	이번에 아빠가 새로운 차를 샀어요! 새로운 차를 사는데, 돈이 조금 더 필요해서 은행에서 돈을 빌려야 해요!
●	●	●
●	●	●
환 전	대 출	예 금

03

은행의 변화

아래의 내용을 읽고, 빈칸에 들어갈 알맞은 말을 적어 보세요.

기술이 발달하여, 스마트폰을 이용해 은행에 방문하지 않고도 다양한 은행 업무를 처리할 수 있어요!
인터넷이 가능한 휴대폰을 통해 언제 어디서나 이용할 수 있는 은행 서비스를 ㅁ ㅂ ㅇ ㅂ ㅋ 이라고 해요.

04 모바일뱅킹을 해봐요!

모바일뱅킹을 이용하면, 다른 사람에게 쉽게 돈을 보낼 수 있어요! 그러나, 돈을 잘못 보내게 되면 돌려받기가 힘들기 때문에 잘 확인해야 합니다.

홍길동님에게 1,200원을 보내야 합니다. 홍길동님의 계좌번호는 농협은행 4567-890-123456입니다. 아래의 빈칸에 알맞은 내용을 채워 보세요.

1

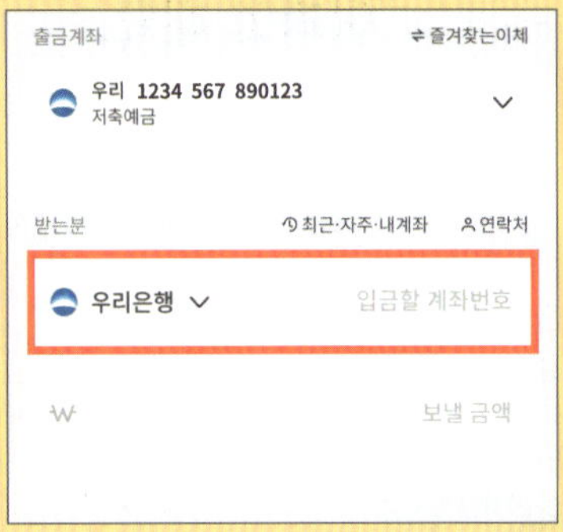

돈을 보낼 은행과 계좌번호 입력

2

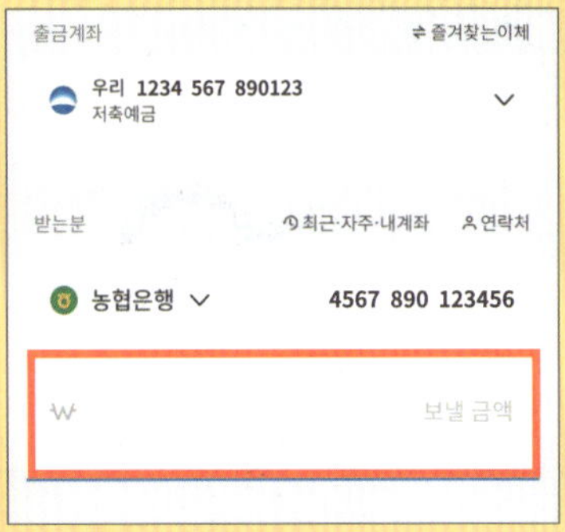

보낼 금액 입력

3

내용 확인 후 보내기

05 저축을 하면 어떤 점이 좋을까요?

나의 생각을 적어 보세요.

불필요한 곳에 돈을 쓰는 것을 줄일 수 있어요.
기분이 좋아요!!
저축하는 습관을 지금부터 기를 수 있어요.

우리 집만의 은행을 만들어 보세요!

우리는 저축하기 위해 은행에 갑니다. 하지만, 부모님과 함께 우리 집만의 은행을 만들어 보는 것은 어떨까요? 은행에 가지 않고, 집에서 저축하고 이자도 받을 수 있다면 더 좋을 것 같아요. 우리 집 은행에서는 부모님이 은행장이 됩니다. 부모님이 정하는 기간과 이자율에 따라, 나는 저축을 할 수 있어요. 우리 집 은행을 만들어, 다른 은행보다 더 많은 이자를 받을 수 있게 해보세요. 앞으로 명절 때 세뱃돈을 받거나, 용돈이 생기면 우리 집 은행에 맡겨보세요. 이렇게 해서 열심히 용돈과 이자를 모은다면 나에게 꼭 필요했던 물건이나, 내가 사고 싶었던 것을 살 수도 있어요.

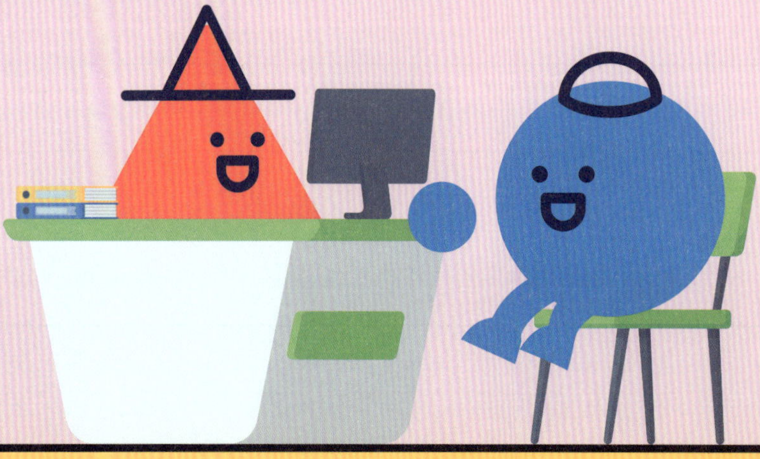

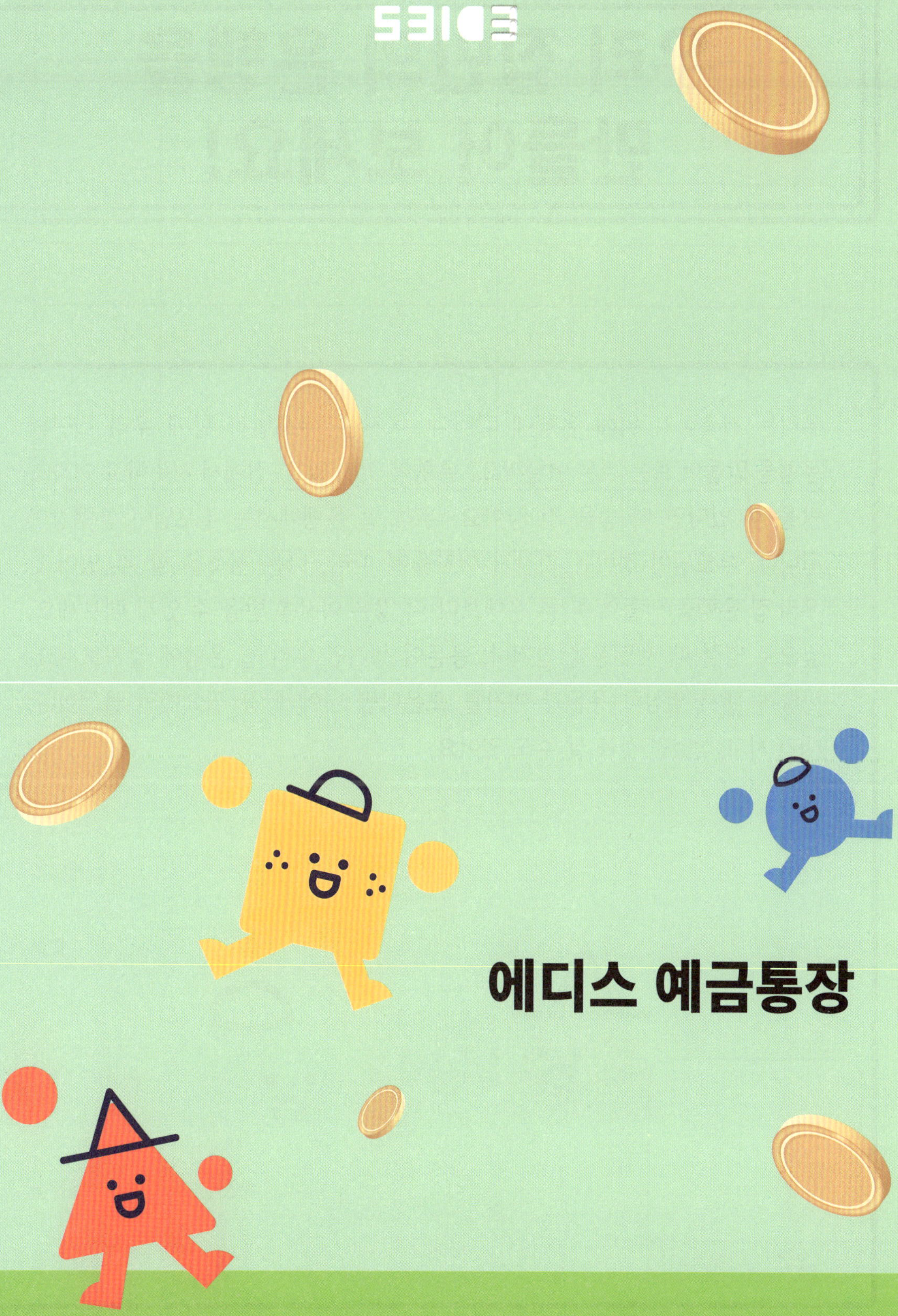

에디스 예금통장

EDIES EDUCATION

에디스 예금통장

계좌번호 :

예금종류 : 에디스 보통예금

인감 · 서명감

이율 : ______________ %

발행일자 : ____ . ____ . ____ .

만기일 : ____ . ____ . ____ .

______________________ 님

날짜	내용	들어온 돈	나간 돈	남은 돈

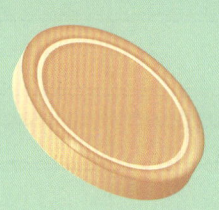

에디스 예금통장

EDIES
EDUCATION

에디스 예금통장

계좌번호 :

예금종류 : 에디스 보통예금

인감 · 서명감

이율 : ____________ %

발행일자 : ____ . ____ . ____ .

만기일 : ____ . ____ . ____ .

____________________ 님

날짜	내용	들어온 돈	나간 돈	남은 돈

06 각 나라에 하나뿐인 은행

중앙은행은 각 나라마다 하나씩 있어요.
우리나라의 중앙은행은 **한국은행**인데, 한국은행은 화폐를 발행하고,
나라에서 쓰이는 돈의 양을 조절하는 아주 중요한 일을 합니다.

일반 은행처럼 개인의 돈을 맡아주거나 개인에게 돈을 빌려주지 않아요!

하지만, 은행들에게 돈을 빌려주기도 하고 은행들의 돈을 맡아주기도
한답니다.

한국은행은 **은행들의 은행**이에요!

쉬어가기

두 그림에서 다른 점을 찾아보세요. (5곳)

정답은 129페이지에 있습니다.

나를 믿어주세요!

09

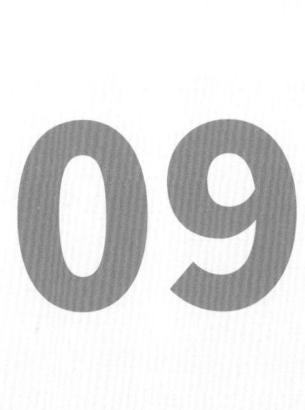

'나'라는 경제 주체가 다양한 경제 활동을 할 때 있어서 중요한 것이 하나 더 있어요. 그건 바로 '믿음'이에요. 재화나 서비스를 사고팔 때, 계약할 때, 돈을 빌릴 때 모두 서로를 믿고 하는 경제 활동이에요.

혹시 양치기 소년이라는 동화를 아시나요? 양을 키우고 있는 소년이 늑대가 왔다고 마을 사람들을 한 번, 두 번 속이자 진짜 늑대가 왔을 때는 마을 사람들이 도와주지 않았고 그 결과 늑대가 양을 잡아먹은 건데요. 믿음이 없는 사이에서 나온 결과예요.

이러한 믿음을 우리는 신용이라고도 해요. 여기서 중요한 것은 신용은 점수가 매겨진다는 것이에요. 우리가 살아가는 일상생활을 평가하여 신용 점수가 항상 매겨지고 있답니다. 그럼, 신용 점수의 만점은 몇 점일까요? 신용 점수의 만점은 '1,000점'이랍니다!

01 믿는 마음이란?

신용이 없는 사람은 믿을 수가 없어요!
약속을 잘 지켜야 신용이 생기는 것이에요.

빈칸에 들어갈 말은 무엇일까요?

어떤 사람을 믿는 정도를 [ㅅ] [ㅇ]이라고 해요!

사람들이 서로 믿음을 가지기 위해서는
[ㅅ] [ㅇ]을 지키는 것이 중요해요!

[ㅅ] [ㅇ] 카드를 사용하면, 많은 돈을 가지고
다니지 않아도 물건을 살 수 있어요!

[ ] [ ]

신용을 잃는다면?

아래 대화를 읽고, 다음 상황을 상상해서 말풍선을 채워보세요.

03 신용카드를 사용하면?

신용카드로 물건을 사면 바로 돈을 내지 않아도 된다고 해요!
그러면, 돈은 누가 내는 걸까요?

아래 내용을 읽고, 결국 돈을 내는 사람은 누구인지 적어 보세요.

1.신용카드로 계산하고 필요한 물건을 삽니다.

3.카드 회사에 대신 내 준 물건값을 일정 기간 안에 갚습니다.

2.신용카드로 계산한 물건 값을 카드 회사에서 대신 내줍니다.

04 신용을 잘 지킨다는 것

다음 그림을 보고 신용과 관련한 O/X 퀴즈를 풀어보세요.

사람들 사이의 믿음을
신용이라고 합니다.

빌린 물건이나 돈을 제때
갚지 않아도 괜찮습니다.

신용이 높다는 말은 약속을 잘
지킨다는 말과 같은 뜻입니다.

신용점수의 만점은 100점 입니다.

05 우리가족의 신용점수는?

우리 가족의 신용점수를 내가 직접 매겨보고, 그 이유를 적어 보세요.

이름	신용점수	이유
	점	
	점	
	점	
	점	
	점	
	점	

신용지킴이표를 작성해보세요!
우리 가족 모두 각자가 잘 지킬 수 있는 약속을
아래의 신용지킴이표에 적고,
언제 언제 지켰는지 확인해보세요.

내가 하는
약속은 여기에!

약 속	날 짜			
예시) 동생의 물건을 뺏지 않아요.	1/4	1/6	1/15	1/21
	/	/	/	/
	/	/	/	/
	/	/	/	/
	/	/	/	/
	/	/	/	/
	/	/	/	/

엄마 아빠 약속은 여기에!

약 속	날 짜			
예시) 사랑이와 레고놀이 1시간을 합니다.	1/4	1/6	1/15	1/21
	/	/	/	/
	/	/	/	/
	/	/	/	/
	/	/	/	/
	/	/	/	/
	/	/	/	/
	/	/	/	/

쉬어가기

두 그림에서 다른 점을 찾아보세요. (5곳)

정답은 129페이지에 있습니다.

올바른 돈 사용 방법

10

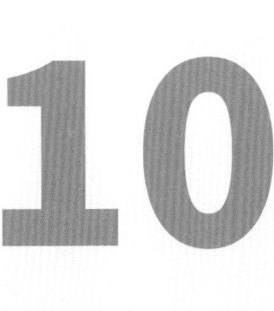

돈을 잘 사용하는 것은 중요한 일이에요. 돈과 관련해서는 조심해야 하는 것들이 있기 때문이죠. 어떤 것을 조심하면 좋을지 다음 질문을 듣고 생각해 볼까요? 길에 떨어진 돈을 주우면 어떻게 될까요? 친구에게 돈을 빌리고 갚지 않는다면 어떤 일이 생길까요? 돈을 올바르게 사용하는 방법을 문제를 풀며 배워보세요.

그리고 모르는 번호로 온 문자나 전화를 조심해야 해요. 전화나 문자를 이용한 금융 사기가 증가하고 있기 때문입니다. 어떻게 사기를 예방할 수 있을지 또, 안전하게 돈을 사용하기 위해 우리가 노력해야 할 점은 무엇이 있을지 알아보겠습니다.

01 길에 떨어진 돈을 봤다면?

다음 상황에서 내가 돈을 주웠다면 어떻게 행동할지 적어 보세요.

02 돈을 올바르게 사용하는 방법

사다리타기 놀이를 통해, 돈을 올바르게 사용하는 친구가 누구인지 확인해보세요.
돈을 올바르게 사용하는 친구의 이름을 아래 빈칸에 적어보세요.

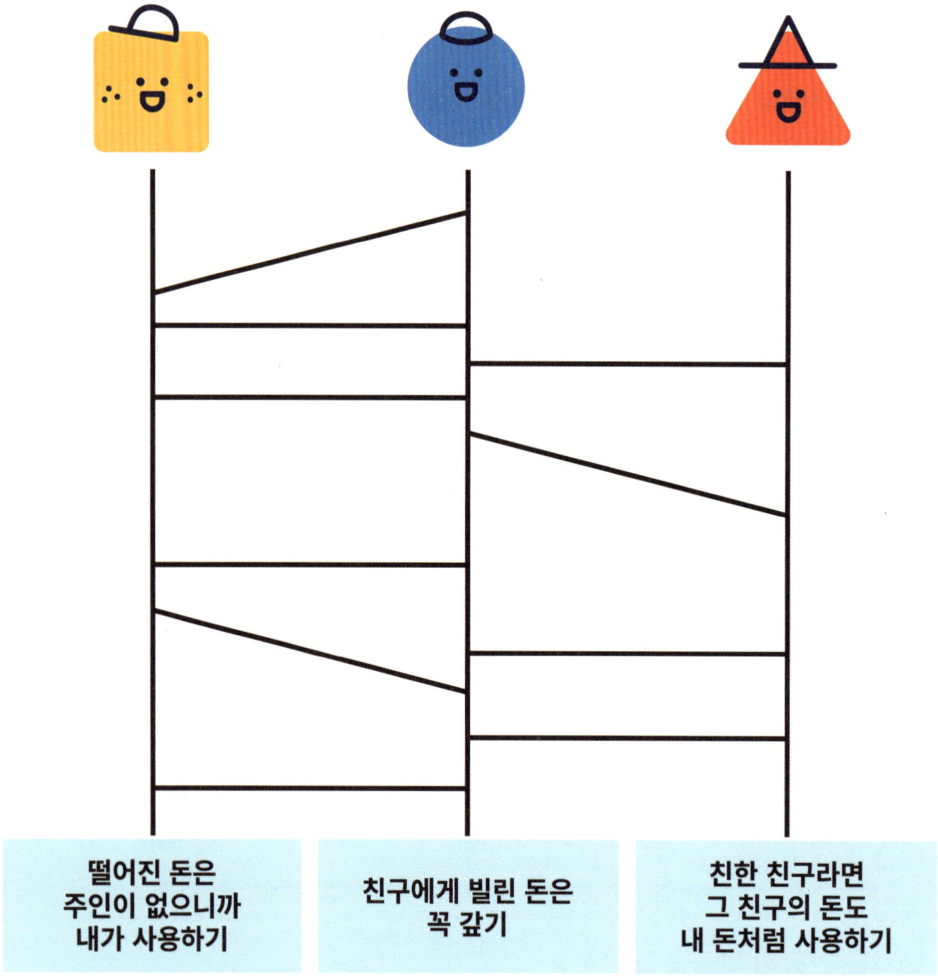

03 다양한 금융 사기 방법들

아래 내용을 읽고 금융 사기를 방지하세요.

스미싱

문자 메시지를 이용한 휴대폰 해킹을 말해요.
문자 속의 인터넷 주소를 클릭하면
악성 코드가 스마트폰에 설치되어
휴대폰이 해킹되고 개인 정보가
빠져나가는 등의 피해를 입을 수 있어요.

모르는 번호로 문자가 온 경우, 문자의 인터넷
주소를 **절대 클릭해서는 안 됩니다!**

보이스피싱

전화를 이용해 상대방을 속여
돈을 빼내는 금융 사기 수법이에요.
경찰을 사칭하거나 친인척의 사고나
납치를 가장해 입금을 요구하는
사기들이 있어요.

보이스피싱을 예방하는 방법은 다음과 같으니 꼭 기억하기로 해요!

1. 의심스러운 전화가 오면 일단 끊어요!
2. 금융 정보를 요구하는 경우, 절대로 말해주면 안 돼요.

04 보호해야 하는 정보?

아래 내용을 읽고 빈칸에 들어갈 말은 무엇인지 적어 보세요.

ㄱ ㅇ ㅈ ㅂ 는 개인에 관한 정보로 다른 정보와 결합해 특정한 개인을 알아볼 수 있는 정보입니다.

05 개인정보를 보호하는 방법

아래 내용을 읽고, 내가 생각하는 개인정보보호 방법을 적어 보세요.

다른 사람에게 개인 정보를 알려주지 않아요!
개인정보가 적힌 우편물(택배)는 개인정보를 지우고 버려요!
생일이나 전화번호는 비밀번호로 사용하지 않아요!

쉬어가기

두 그림에서 다른 점을 찾아보세요. (5곳)

정답은 129페이지에 있습니다.

내가 부자가 된다면?

11

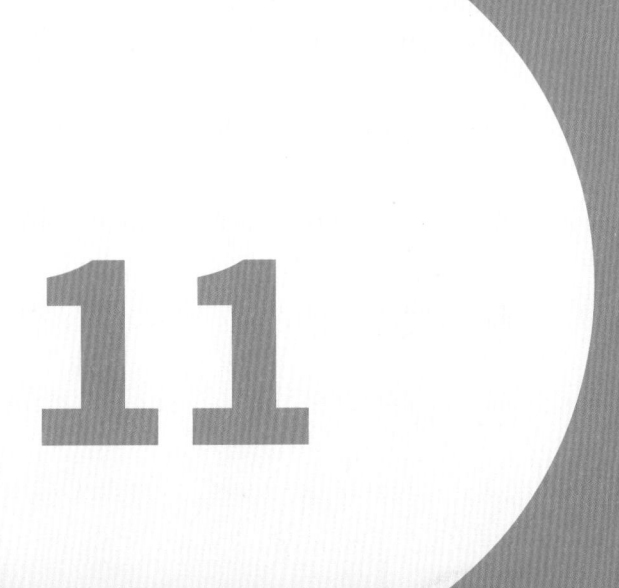

어떤 사람들을 부자라고 말할까요? 돈이 많은 사람만 부자에 해당할까요? 아닙니다. 부자는 어떤 것이든 많은 사람을 부자라고 할 수 있어요. 집에 색연필이 아주 많다면, 색연필 부자가 될 수도 있고, 신발이 아주 많다면 신발 부자가 될 수도 있어요. 나는 어떤 부자인지, 그리고 어떤 부자들이 있는지, 부자가 된다면 무엇을 하고 싶은지 생각해 보세요.

그리고, 내가 무엇이 많다면 이것을 다른 사람들과 함께 나누는 기쁨을 느껴보는 것은 어떨까요? 나눔을 실천하는 방법은 다양합니다. 내가 가진 재능을 다른 사람들을 위해 사용할 수도 있고, 어려운 이웃을 돕기 위해 돈을 기부할 수도 있겠죠? 그리고, 사람들을 돕기 위해 내가 직접 봉사 활동을 할 수도 있습니다. '기부'는 보람과 기쁨을 모두 느낄 수 있는 경제 활동 중 하나입니다.

01 부자는 무엇일까요?

부자는 어떤 것이 많은 사람을 부자라고 할 수 있어요!
나는 무엇이 많은지 생각해보고, 어떤 부자인지 적어 보세요.

내가 생각하는 부자는 무엇인지 적어보세요.

나는 ______ 부자이다.

나는 ______ 부자이다.

나는 ______ 부자이다.

부자란?

____

____

____

____

02 다양한 부자

다음 그림을 보고 어떤 부자인 것 같은지 적어보세요.

03 내가 부자가 된다면?

나는 부자가 되면, 고양이들을 위한 놀이터를 만들거야!

내가 만약 돈이 아주 많다면, 어떤 일들을 할 지 그리거나 적어 보세요.

04 나눔을 실천하는 방법

다음의 내용은 어떤 나눔을 실천하는 것인지 선으로 연결해 보세요.

쎄쎄모는 연말 자선 연주회에서 피아노 연주를 했어요. 연주회 입장료는 어려운 이웃을 위해 기부되었다고 해요!	모모네는 길에서 구세군 자선냄비를 보았어요! 어려운 이웃을 돕기 위해 자선냄비에 돈을 직접 넣었다고 해요.	지진으로 인해 에디스 마을 주민들이 큰 피해를 입었어요. 피해 복구를 위해서 통통보와 친구들이 마을에 방문하여 청소를 하고 마을 분들을 도와주었어요!
●	●	●
●	●	●
재능기부	봉 사	기 부

05 내가 할 수 있는 나눔

내가 할 수 있는 나눔은 무엇이 있을지 그리거나 적어 보세요.

06 나눔을 하면 좋은 점?

나눔을 하면 어떤 점들이 좋을까요? 나의 생각을 아래에 적어 보세요.

나의 나눔으로 행복한 사람들이 더 많아져요!
다른 사람들을 도와줘서 뿌듯해요!
나에게 필요하지 않은 물건은 나눔해서 환경을 보호할 수 있어요!

07 기부 관련 O/X 퀴즈

기부와 관련하여 맞는 말을 하는 친구는 누구일까요? 아래 내용을 보고 O/X로 표시해 보세요.

100원은 기부할 수 없다.

기부는 꼭 돈으로만 해야 한다.

누군가 기부를 할 것이기 때문에
나는 하지 않아도 괜찮다.

부자들은 무조건 기부를 해야한다.

쉬어가기

두 그림에서 다른 점을 찾아보세요. (5곳)

정답은 129페이지에 있습니다.

정답지

12

01 돈을 셀 수 있어요!

01 큰 수의 단위 알아보기

단위와 수를 읽어보고, 0의 개수를 표에 적어보세요.

단위	수	0의 개수
일	1	없음
십	10	1개
백	100	2개
천	1000	3개
만	10000	4개
십만	100000	5개
백만	1000000	6개
천만	10000000	7개
억	100000000	8개
십억	1000000000	9개
백억	10000000000	10개
천억	100000000000	11개
조	1000000000000	12개
십조	10000000000000	13개
백조	100000000000000	14개
천조	1000000000000000	15개
경	10000000000000000	16개

아래의 수를 읽고 0의 개수와 단위를 적어주세요.

100000000000

0의 개수	단위
11개	천억

03

02 어떤 수가 더 클까요?

더 큰 수에 O표 하세요.

1. 135 (210)
2. 1000 (10000)
3. (9100) 9000
4. (1000000) 200000
5. 11111 (22222)

04

03 돈을 셀 수 있어요!

유리병에 들어있는 돈은 모두 얼마일까요?

89,000 원

05

04 돈과 관련한 표현들

보기: 돈을 물 쓰듯 하다 - 돈을 펑펑 쓴다는 표현 / 파리가 날리다 - 손님이 없을 때 쓰는 표현 / 티끌 모아 태산 - 작은 것이라도 모이면 나중에 큰 것이 된다는 속담 / 땡전 한 푼 없다 - 돈이 없다는 표현

보기의 표현들을 알맞은 그림에 적어주세요.

파리가 날리다

돈을 물 쓰듯 하다

땡전 한 푼 없다

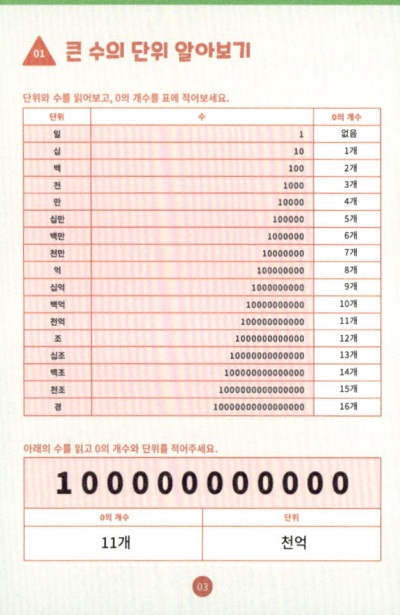

티끌 모아 태산

06

02 돈은 어떻게 탄생했을까?

01 돈이 없다면?

백화점도 마트도 돈도 없는 아주 옛날,
쎄쎄모는 사과를 어떻게 구할 수 있을까요?

아주 옛날에 사과를 구할 수 있었던 방법으로 알맞은 것을 그림에서 찾아 O표 해보세요.

○

○

10

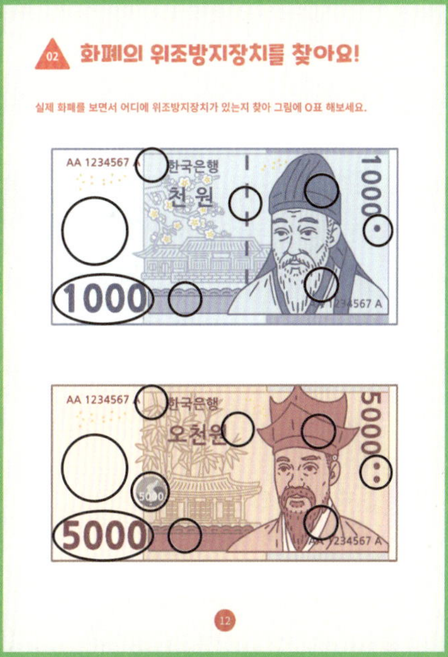

02 화폐의 위조방지장치를 찾아요!

실제 화폐를 보면서 어디에 위조방지장치가 있는지 찾아 그림에 O표 해보세요.

12

03 우리나라 지폐를 찾아요!

쎄쎄모가 돈을 잃어버렸다고 해요. 쎄쎄모가
가지고 있던 우리나라 돈은 어떤 것일까요?

우리나라 돈으로 알맞은 그림을 찾아 O/X표 해보세요.

×	○
×	×
○	○

13

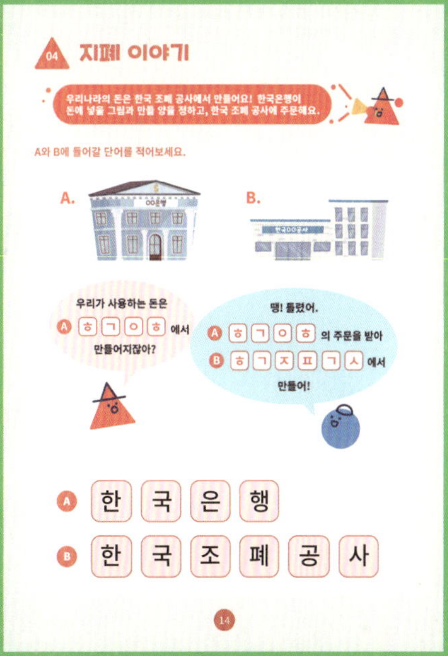

04 지폐 이야기

우리나라의 돈은 한국 조폐 공사에서 만들어요! 한국은행이
돈에 넣을 그림과 만들 양을 정하고, 한국 조폐 공사에 주문해요.

A와 B에 들어갈 단어를 적어보세요.

우리가 사용하는 돈은
Ⓐ ㅎ ㄱ ㅇ ㅎ 에서
만들어지잖아?

땡! 틀렸어.
Ⓐ ㅎ ㄱ ㅇ ㅎ 의 주문을 받아
Ⓑ ㅎ ㄱ ㅈ ㅍ ㄱ ㅅ 에서
만들어!

Ⓐ 한 국 은 행

Ⓑ 한 국 조 폐 공 사

14

02 돈은 어떻게 탄생했을까?

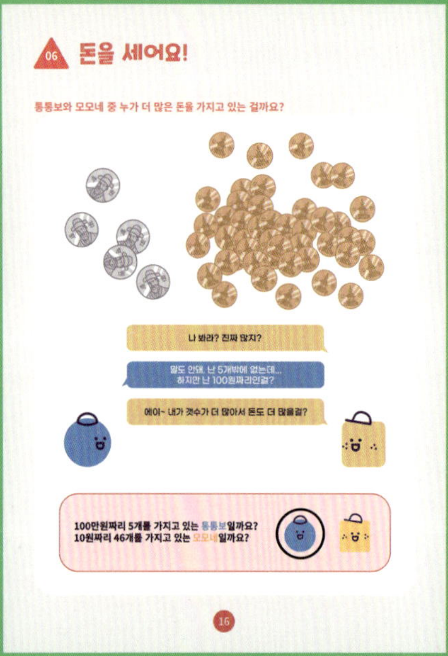

06 돈을 세어요!

통통보와 모모네 중 누가 더 많은 돈을 가지고 있는 걸까요?

100만원짜리 5개를 가지고 있는 통통보일까요?
10원짜리 46개를 가지고 있는 모모네일까요?

16

07 금화와 은화... 그리고?

빈칸에 들어갈 알맞은 단어는 무엇일까요?

우리나라에서도 금화나 은화와 같이 비슷한 모양의 동글납작하며 가운데 네모난 구멍이 뚫린 돈을 사용하였어요! 이것의 이름은 무엇일까요?

엽 전

17

03 신분증이 필요한 이유

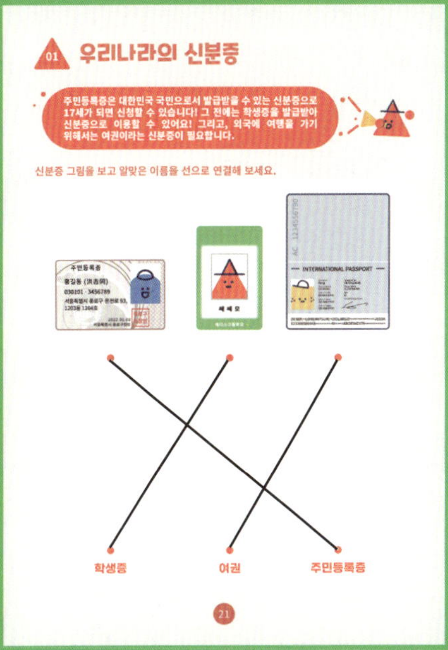

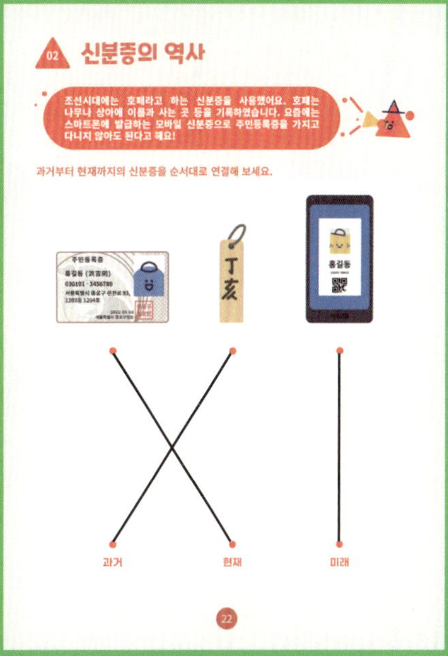

04 용돈을 관리하는 방법

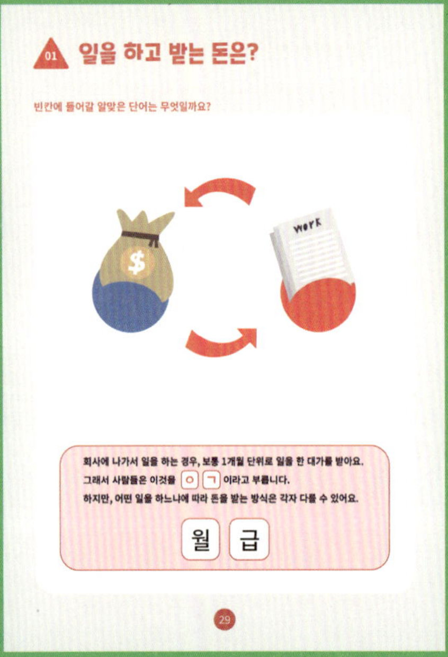

01 일을 하고 받는 돈은?

빈칸에 들어갈 알맞은 단어는 무엇일까요?

회사에 나가서 일을 하는 경우, 보통 1개월 단위로 일을 한 대가를 받아요.
그래서 사람들은 이것을 ㅇ ㄱ 이라고 부릅니다.
하지만, 어떤 일을 하느냐에 따라 돈을 받는 방식은 각자 다를 수 있어요.

월 급

29

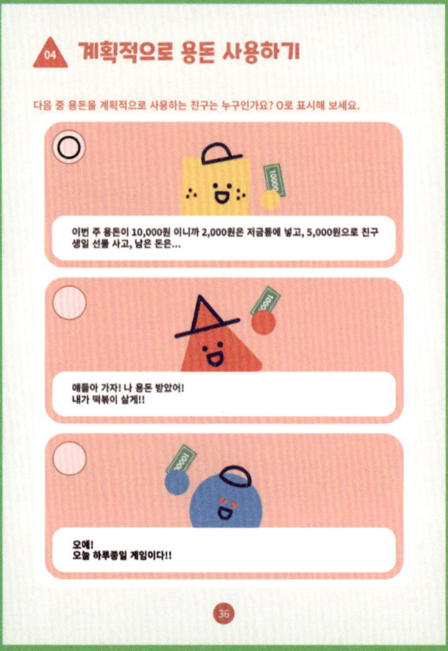

04 계획적으로 용돈 사용하기

다음 중 용돈을 계획적으로 사용하는 친구는 누구인가요? O로 표시해 보세요.

O 이번 주 용돈이 10,000원 이니까 2,000원은 저금통에 넣고, 5,000원으로 친구 생일 선물 사고, 남은 돈은...

얘들아 가자! 나 용돈 받았어!
내가 떡볶이 살게!!

오예!
오늘 하루종일 게임이다!!

36

05 돈을 버는 방법

01 재화와 서비스를 구분해요!

우리가 사고 파는 것들 중에 눈에 보이는 것은 재화, 눈에 보이지 않지만 꼭 필요한 것은 서비스라고 합니다.

그림을 보고, 재화와 서비스를 구분하여 적어주세요.

서비스	재화
재화	서비스

45

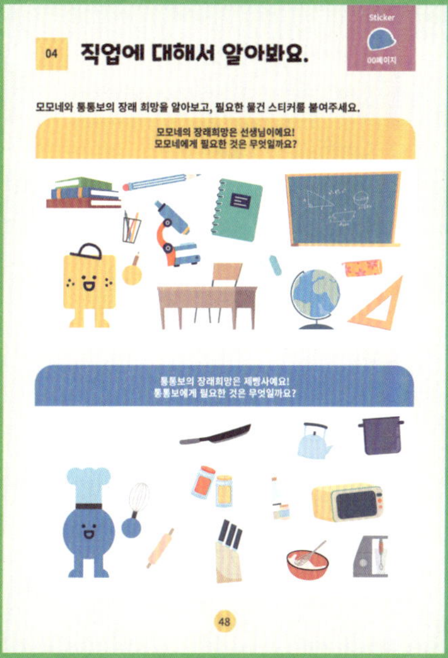
04 직업에 대해서 알아봐요.

모모네와 통통보의 장래 희망을 알아보고, 필요한 물건 스티커를 붙여주세요.

모모네의 장래희망은 선생님이에요!
모모네에게 필요한 것은 무엇일까요?

통통보의 장래희망은 제빵사예요!
통통보에게 필요한 것은 무엇일까요?

48

05 직업 관련 O/X 퀴즈

다음 직업과 관련된 그림과 설명을 보고, 알맞은 내용인지 O/X로 표시해 보세요.

사람들은 각자의 직업을 가지고 일을 하면서 살아가고 있습니다.	직업 생활을 통하여 소득을 얻을 수 없습니다.
○	×
직업생활을 통하여 다른 사람들에게 도움을 줄 수 있습니다.	우리가 사용하는 돈은 부모님께서 힘들게 번 것이기 때문에 소중하고 값지게 써야 합니다.
○	○

49

06 현명한 소비자가 되는 방법

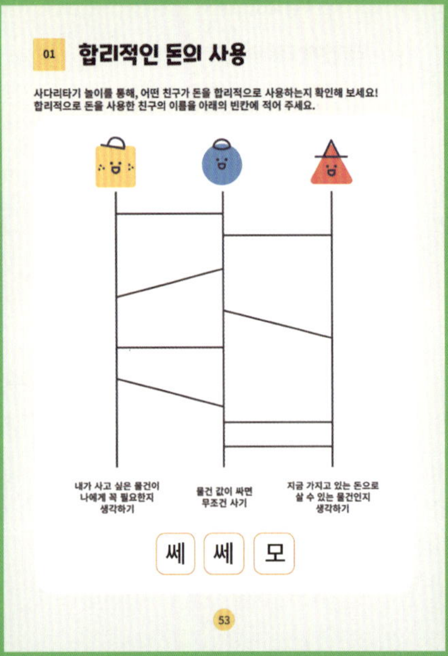

01 합리적인 돈의 사용

사다리타기 놀이를 통해, 어떤 친구가 돈을 합리적으로 사용하는지 확인해 보세요!
합리적으로 돈을 사용한 친구의 이름을 아래의 빈칸에 적어 주세요.

쎄 쎄 모

53

02 합리적인 소비

합리적인 소비를 하기 위해서는 나에게 꼭 필요한 물건인지 먼저 생각하고, 더 저렴하게 살 수 있는 방법이 있는지 찾아보는 것이 좋습니다.

합리적인 소비를 한 친구는 누구인지 O/X로 표시해 보세요.

O 용돈으로 만 원을 받은 모모네. 새로 나온 귀여운 캐릭터가 그려진 필통을 살 지, 잘 안나오는 볼펜을 살 지 고민하다가 더 필요하다고 생각되는 볼펜을 구매!

X 슬라임을 좋아하는 쎄쎄모. 집에도 슬라임이 많지만, 친구들을 따라 슬라임을 삼. 이후에 갖고 싶은 인형이 생겼지만, 이미 슬라임을 사는데 돈을 다 써버림.

O 모은 돈으로 휴대폰을 사려고 하는 통통보. 모양이 예쁘고 비싼 휴대폰을 살 지, 성능이 좋고 저렴한 휴대폰을 살 지 고민하다가 성능이 좋고 저렴한 휴대폰 구입!

54

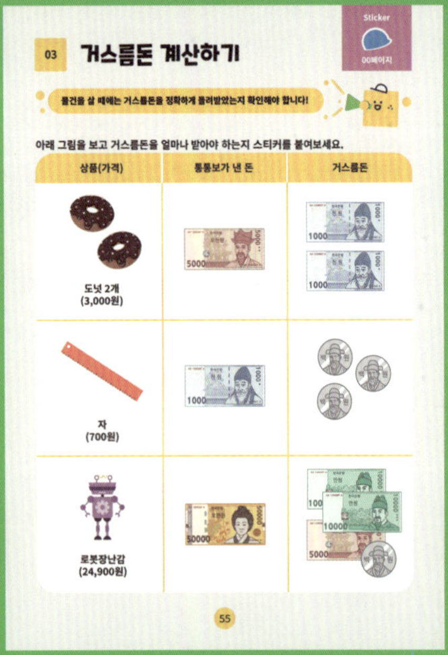

03 거스름돈 계산하기

Sticker
00페이지

물건을 살 때에는 거스름돈을 정확하게 돌려받았는지 확인해야 합니다!

아래 그림을 보고 거스름돈을 얼마나 받아야 하는지 스티커를 붙여보세요.

상품(가격)	통통보가 낸 돈	거스름돈
도넛 2개 (3,000원)	5000	1000, 1000
자 (700원)	1000	
로봇장난감 (24,900원)	50000	10000, 10000, 5000

55

07 세금을 꼭 내야 하나요?

01 나라를 위해 내야하는 돈

아래의 빈칸을 채워 보세요.

1 나라가 국민들로부터 소득의 일부를 걷는 돈을 ㅅ ㄱ 이라고 합니다.

세 금

2 다음 중 나라의 세금이 쓰이는 곳이 아닌 곳은? O/X로 표시해 보세요.

X 1. 공장	O 2. 가로등	O 3. 공원
O 4. 군인	X 5. 의사	O 6. 경찰관

63

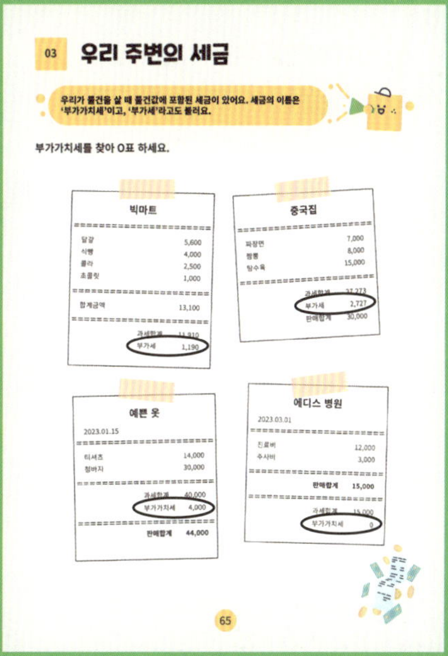

03 우리 주변의 세금

우리가 물건을 살 때 물건값에 포함된 세금이 있어요. 세금의 이름은 '부가가치세'이고, '부가세'라고도 불려요.

부가가치세를 찾아 O표 하세요.

빅마트

달걀	5,600
식빵	4,000
콜라	2,500
초콜릿	1,000
합계금액	13,100
과세합계	11,910
부가세	1,190

중국집

짜장면	7,000
짬뽕	8,000
탕수육	15,000
과세합계	27,273
부가세	2,727
판매합계	30,000

예쁜 옷

2023.01.15

티셔츠	14,000
청바지	30,000
과세합계	40,000
부가가치세	4,000
판매합계	44,000

에디스 병원

2023.03.01

진료비	12,000
주사비	3,000
판매합계	15,000
과세합계	15,000
부가가치세	0

65

04 재미있는 세금 이야기

아래의 세금 이야기를 읽고, 빈칸에 들어갈 알맞은 단어를 채워 보세요.

에스토니아에는 지구온난화와 관련한 특이한 세금이 있어요!
지구온난화는 온실가스의 영향으로 지구가 점점 따뜻해지는
환경 문제를 말해요!

그런데 '소'가 온실가스를 만들어 낸다고 하네요?
그래서 에스토니아에는 소의 ㅂ ㄱ 에 세금을 매겨서, 환경보호를
하고자 합니다.

여기서 세금의 이름은 무엇일까요?

방 귀 세

66

08 은행에서 하는 일

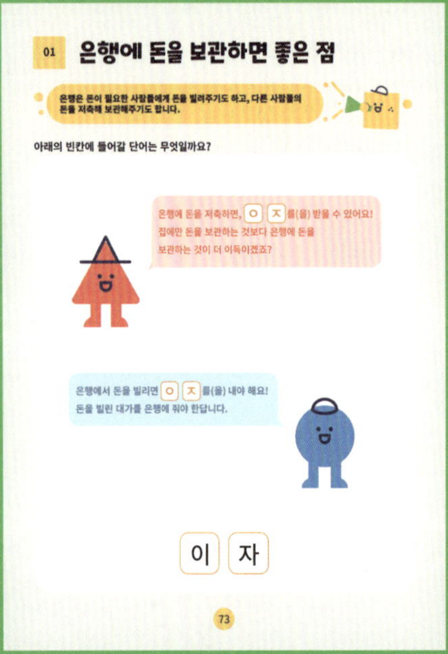

01 은행에 돈을 보관하면 좋은 점

은행은 돈이 필요한 사람들에게 돈을 빌려주기도 하고, 다른 사람들의 돈을 저축해 보관해주기도 합니다.

아래의 빈칸에 들어갈 단어는 무엇일까요?

은행에 돈을 저축하면, ㅇ ㅈ 를(을) 받을 수 있어요! 집에만 돈을 보관하는 것보다 은행에 돈을 보관하는 것이 더 이득이겠죠?

은행에서 돈을 빌리면 ㅇ ㅈ 를(을) 내야 해요! 돈을 빌린 대가를 은행에 줘야 한답니다.

이 자

73

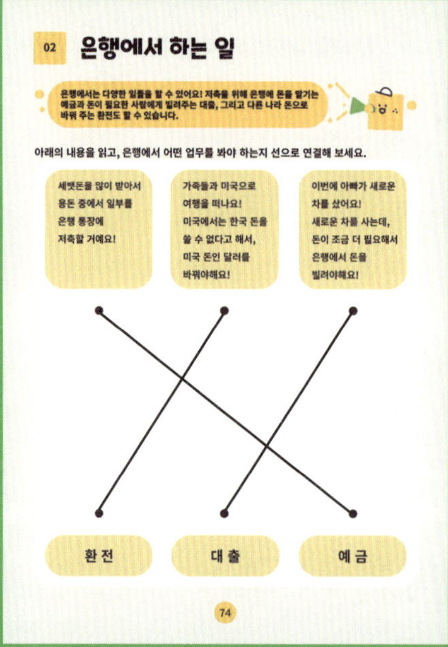

02 은행에서 하는 일

은행에서는 다양한 일들을 할 수 있어요! 저축을 위해 은행에 돈을 맡기는 예금과 돈이 필요한 사람에게 빌려주는 대출, 그리고 다른 나라 돈으로 바꿔 주는 환전도 할 수 있습니다.

아래의 내용을 읽고, 은행에서 어떤 업무를 봐야 하는지 선으로 연결해 보세요.

세뱃돈을 많이 받아서 용돈 중에서 일부를 은행 통장에 저축할 거예요!	가족들과 미국으로 여행을 떠나요! 미국에서는 한국 돈을 쓸 수 없다고 해서, 미국 돈인 달러를 바꿔야해요!	이번에 아빠가 새로운 차를 샀어요! 새로운 차를 사는데, 돈이 조금 더 필요해서 은행에서 돈을 빌려야해요!
환전	대출	예금

74

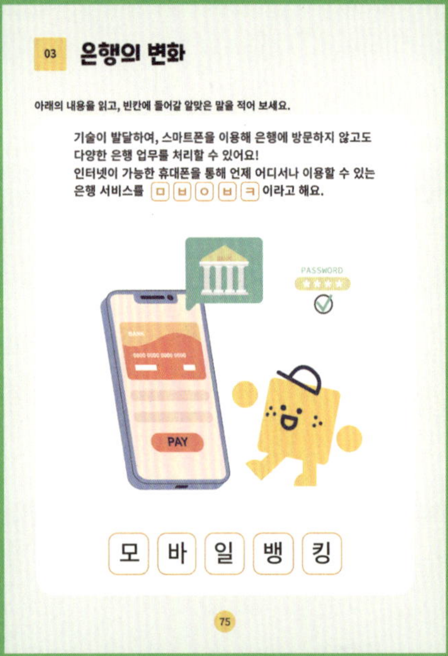

03 은행의 변화

아래의 내용을 읽고, 빈칸에 들어갈 알맞은 말을 적어 보세요.

기술이 발달하여, 스마트폰을 이용해 은행에 방문하지 않고도 다양한 은행 업무를 처리할 수 있어요!
인터넷이 가능한 휴대폰을 통해 언제 어디서나 이용할 수 있는 은행 서비스를 ㅁ ㅂ ㅇ ㅂ ㅋ 이라고 해요.

모 바 일 뱅 킹

75

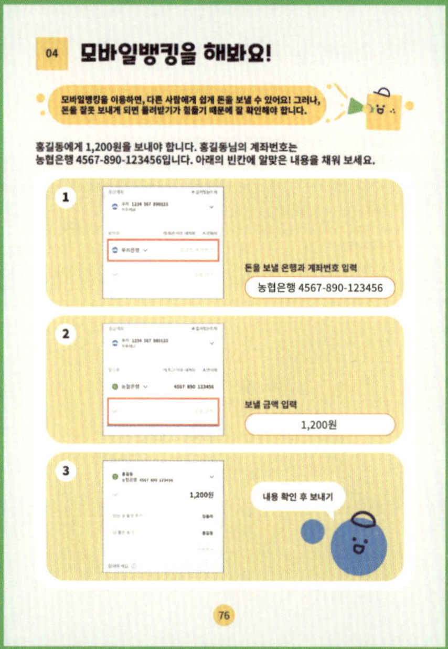

04 모바일뱅킹을 해봐요!

모바일뱅킹을 이용하면, 다른 사람에게 쉽게 돈을 보낼 수 있어요! 그러나, 돈을 잘못 보내게 되면 돌려받기가 힘들기 때문에 잘 확인해야 합니다.

홍길동에게 1,200원을 보내야 합니다. 홍길동님의 계좌번호는 농협은행 4567-890-123456입니다. 아래의 빈칸에 알맞은 내용을 채워 보세요.

1 돈을 보낼 은행과 계좌번호 입력
농협은행 4567-890-123456

2 보낼 금액 입력
1,200원

3 내용 확인 후 보내기

76

09 나를 믿어주세요!

01 믿는 마음이란?

신용이 없는 사람은 믿을 수가 없어요!
약속을 잘 지켜야 신용이 생기는 것이에요.

빈칸에 들어갈 말은 무엇일까요?

어떤 사람을 믿는 정도를 ㅅ ㅇ 이라고 해요!

사람들이 서로 믿음을 가지기 위해서는 ㅅ ㅇ 을 지키는 것이 중요해요!

ㅅ ㅇ 카드를 사용하면, 많은 돈을 가지고 다니지 않아도 물건을 살 수 있어요!

신 용

87

03 신용카드를 사용하면?

신용카드로 물건을 사면 바로 돈을 내지 않아도 된다고 해요!
그러면, 돈은 누가 내는 걸까요?

아래 내용을 읽고, 결국 돈을 내는 사람은 누구인지 적어 보세요.

모모네

89

04 신용을 잘 지킨다는 것

다음 그림을 보고 신용과 관련한 O/X 퀴즈를 풀어보세요.

사람들 사이의 믿음을 신용이라고 합니다.	빌린 물건이나 돈을 제때 갚지 않아도 괜찮습니다.
○	X
신용이 높다는 말은 약속을 잘 지킨다는 말과 같은 뜻입니다.	신용점수의 만점은 100점 입니다.
○	X

90

10 올바른 돈 사용 방법

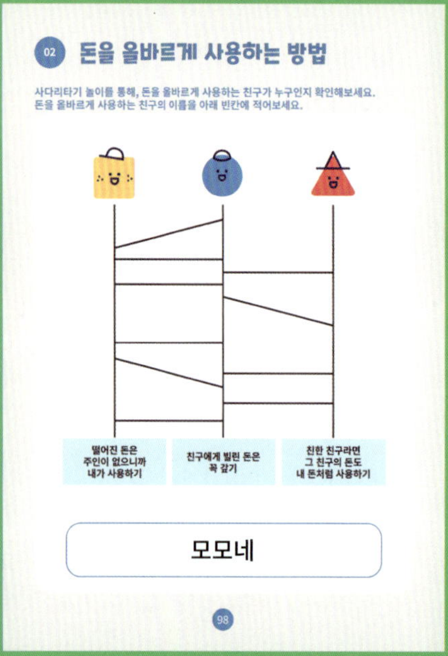

02 돈을 올바르게 사용하는 방법

사다리타기 놀이를 통해, 돈을 올바르게 사용하는 친구가 누구인지 확인해보세요.
돈을 올바르게 사용하는 친구의 이름을 아래 빈칸에 적어보세요.

떨어진 돈은 주인이 없으니까 내가 사용하기

친구에게 빌린 돈은 꼭 갚기

친한 친구라면 그 친구의 돈도 내 돈처럼 사용하기

모모네

98

04 보호해야 하는 정보?

아래 내용을 읽고 빈칸에 들어갈 말은 무엇인지 적어 보세요.

ㄱ ㅇ ㅈ ㅂ 는 개인에 관한 정보로 다른 정보와 결합해 특정한 개인을 알아볼 수 있는 정보입니다.

개 인 정 보

100

11 내가 부자가 된다면?

02 다양한 부자

다음 그림을 보고 어떤 부자인 것 같은지 적어보세요.

책부자

사랑부자

흥부자

옷부자

106

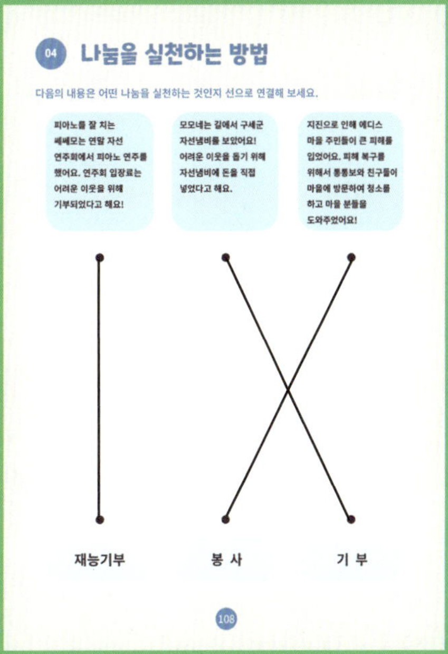

04 나눔을 실천하는 방법

다음의 내용은 어떤 나눔을 실천하는 것인지 선으로 연결해 보세요.

피아노를 잘 치는 삐삐모는 연말 자선 연주회에서 피아노 연주를 했어요. 연주회 입장료는 어려운 이웃을 위해 기부되었다고 해요!

모모네는 길에서 구세군 자선냄비를 보았어요! 어려운 이웃을 돕기 위해 자선냄비에 돈을 직접 넣었다고 해요.

지진으로 인해 에디스 마을 주민들이 큰 피해를 입었어요. 피해 복구를 위해서 통통보와 친구들이 마을에 방문하여 청소를 하고 마을 분들을 도와주었어요!

재능기부

봉 사

기 부

108

07 기부 관련 O/X 퀴즈

기부와 관련하여 맞는 말을 하는 친구는 누구일까요? 아래 내용을 보고 O/X로 표시해 보세요.

100원은 기부할 수 없다.

X

기부는 꼭 돈으로만 해야 한다.

X

누군가 기부를 할 것이기 때문에 나는 하지 않아도 괜찮다.

X

부자들은 무조건 기부를 해야한다.

X

111

쉬어가기

13

쉬어가기

두 그림에서 다른 점을 찾아보세요! (5곳)

정답은 127페이지에 있습니다.

07

쉬어가기

두 그림에서 다른 점을 찾아보세요! (5곳)

정답은 127페이지에 있습니다.

18

쉬어가기

다른 그림 찾기!

두 개의 신분증에 그림이 다른 부분이 4개 숨어 있어요! 다른 부분을 찾아 O표 해보세요.

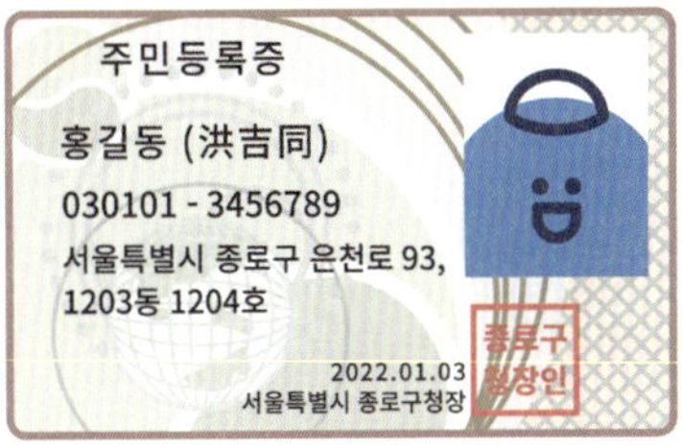

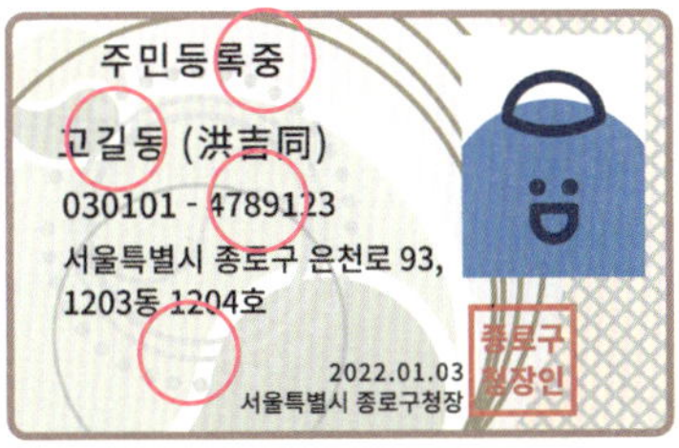

24

쉬어가기

두 그림에서 다른 점을 찾아보세요! (5곳)

정답은 127페이지에 있습니다.

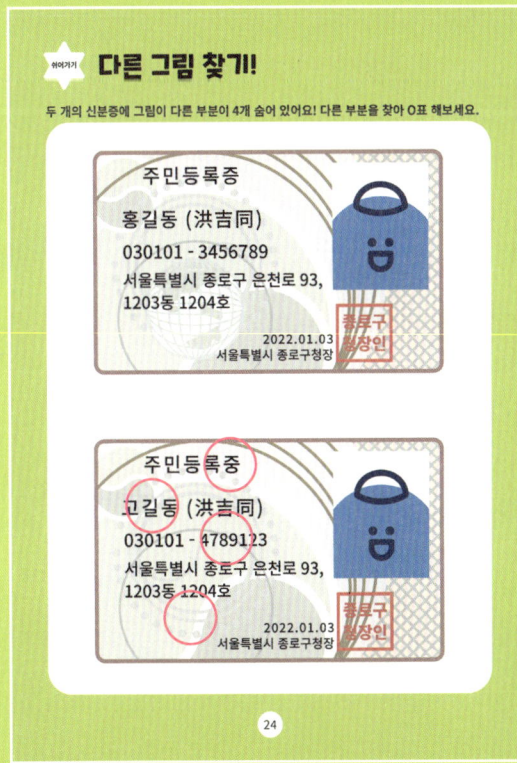

26

쉬어가기

두 그림에서 다른 점을 찾아보세요! (5곳)

정답은 128페이지에 있습니다.

42

쉬어가기

두 그림에서 다른 점을 찾아보세요. (5곳)

정답은 128페이지에 있습니다.

50

쉬어가기

두 그림에서 다른 점을 찾아보세요. (5곳)

정답은 128페이지에 있습니다.

60

쉬어가기

두 그림에서 다른 점을 찾아보세요. (5곳)

정답은 128페이지에 있습니다.

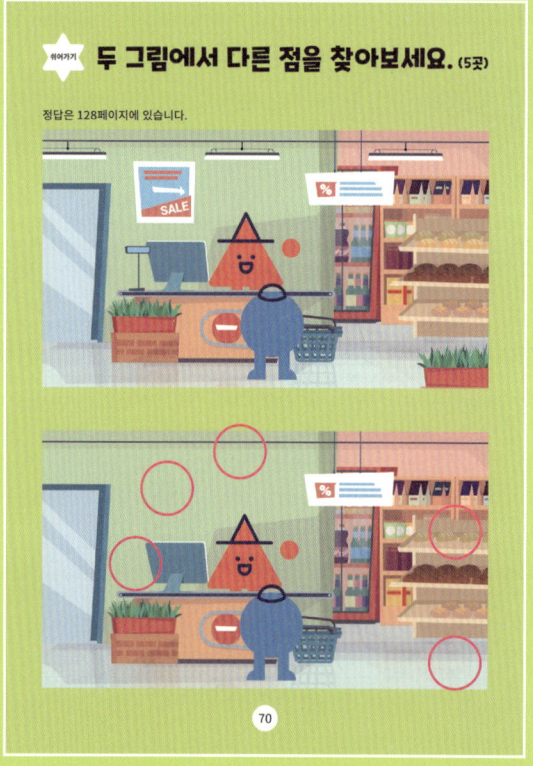

70

쉬어가기

두 그림에서 다른 점을 찾아보세요. (5곳)

정답은 129페이지에 있습니다.

84

쉬어가기

두 그림에서 다른 점을 찾아보세요. (5곳)

정답은 129페이지에 있습니다.

94

쉬어가기

두 그림에서 다른 점을 찾아보세요. (5곳)

정답은 129페이지에 있습니다.

102

쉬어가기

두 그림에서 다른 점을 찾아보세요. (5곳)

정답은 129페이지에 있습니다.

112

Sticker

용돈 사용 계획 세우기 37page

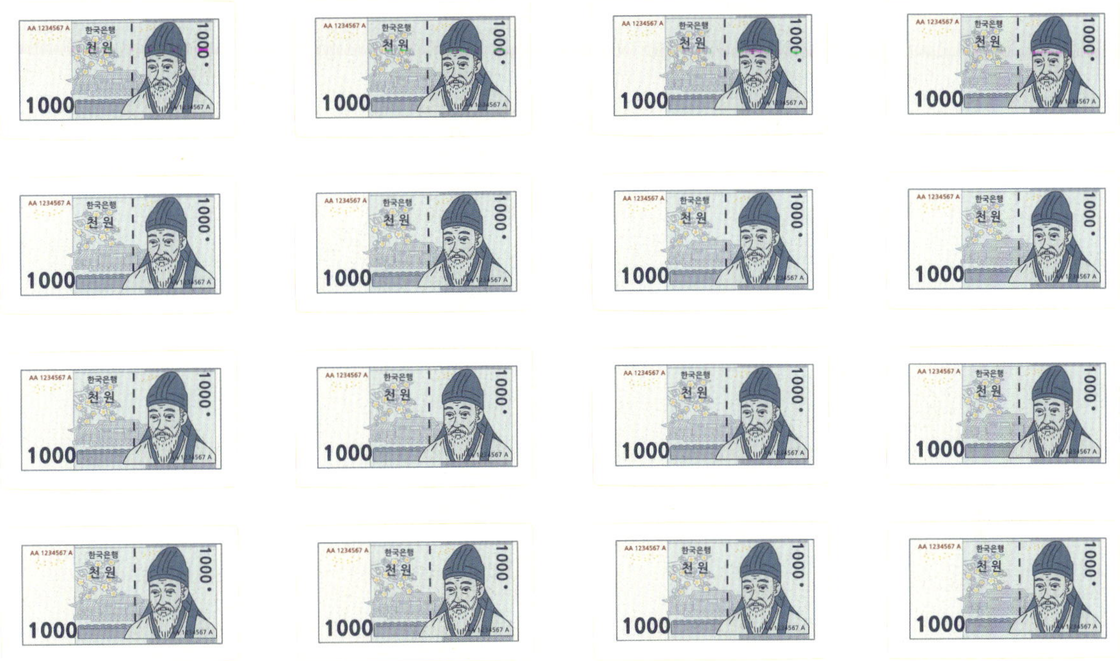

거스름돈 계산하기 55page

직업에 대해서 알아봐요 48page

초판 1쇄 발행 2023년 11월 24일

글 김동화 안윤주 전재준

그림 김광호

기획 (주)에디스교육

펴낸곳 (주)에디스교육

출판등록 2023년 8월 22일 제2023-000020호

주소 (47229) 부산광역시 부산진구 양지로 11번길 7, 3층

전화 051)913-2700

전자우편 admin@ediesstudy.com

홈페이지 www.ediesstudy.com

블로그 blog.naver.com/ediesstudy

ISBN 979-11-985161-0-7 73320